HISTOIRES

DES UNS ET DES AUTRES

LIBRAIRIE DE E. DENTU ÉDITEUR

DU MÊME AUTEUR

Les Mondes inconnus (Roman préhistorique) illustré par É. Yon, 1 vol.	4 fr.
L'Année du grand hiver, 1 vol.	3
La Famille Savigny, 1 vol.	3
Le Gouffre, 1 vol.	3
L'Incendiaire, 1 vol.	3
Maître Bernard, 1 vol.	3
L'Œil de diamant 1 vol.	3
Les Oreilles du banquier, 1 vol.	3
Le Sauvage, 1 vol.	3
Richard le fauconnier, 1 vol.	1

HISTOIRES
DES UNS ET DES AUTRES

SILHOUETTES ET ANECDOTES

PAR

ÉLIE BERTHET

PARIS

E. DENTU, ÉDITEUR

LIBRAIRIE DE LA SOCIÉTÉ DES GENS DE LETTRES

PALAIS-ROYAL, 15-17-19, GALERIE D'ORLÉANS

—

1878

Tous droits réservés.

HISTOIRES
DES UNS ET DES AUTRES

SILHOUETTES ET ANECDOTES

I

Le comité des Gens de lettres.— Un conte *parlé* de Méry. — Le *Parricide.* — Le coffre-fort de Méry. — Léon Gozlan et l'album de la princesse. — La conférence sur Annibal. — A trente ans d'intervalle.

Le comité de la Société des Gens de lettres, vers l'année 1864, fut des plus brillants. Les célébrités littéraires de la grande école de 1830 s'y trouvaient réunies à de jeunes littérateurs qui devaient acquérir de la popularité plus tard. A ne parler que des morts, là se rencontraient chaque lundi, Saintine, l'auteur de *Picciola;* Méry,

Léon Gozlan, Amédée Achard, et cet excellent Ponson du Terrail. A la suite de ces réunions hebdomadaires, quand la séance était levée, on restait à causer quelques instants, et chacun alors donnait carrière à sa verve, l'essor à ses *mots* les plus heureux.

C'était dans ces entretiens que se distinguait surtout Méry, le causeur sans rival. Quiconque ne connaît Méry que par ses ouvrages, ne peut se faire idée de l'entrain, de la grâce familière, de la malice mêlée de bonhomie, qu'il savait mettre dans ses propos. Soit qu'il soutînt un de ces joyeux paradoxes dans lesquels il se complaisait, soit qu'il contât quelque croustillante anecdote, il avait un charme vraiment irrésistible.

Aussi, les membres du comité s'attardaient-ils volontiers pour écouter l'aimable parleur; on faisait cercle autour de lui, et le temps passait sans qu'on y songeât.

En cas pareil, il importait surtout de ne pas l'interrompre, de le laisser s'abandonner librement à sa fantaisie. La moindre contradiction, la moindre parole, suffisait pour l'arrêter net. Il prenait son chapeau et se retirait en silence.

Le bohème Henry Murger connaissait bien cette particularité du caractère et des habitudes de Méry. Quand il le voyait ainsi entouré d'auditeurs attentifs, il leur disait tout bas : « Attendez ! je vais *jeter de l'eau* sur son feu d'artifice. » Et il profitait de la première occasion pour lancer au milieu du récit quelque brutal coq-à-l'âne. Méry se taisait aussitôt.

Ce qui donnait tant d'attrait à sa conversation, c'était son aisance, sa simplicité, sa naïveté apparente. Il improvisait ; on eût dit d'une source pure qui jaillissait instantanément et sans effort. Nous voudrions écrire un de ces petits contes *parlés* qu'il inventait sur-le-champ, à l'appui de ses thèses, peut-être afin de reposer l'attention de ses auditeurs. Mais comment saisir au vol un de ces jolis papillons à l'humeur vagabonde ? Comment le fixer sans endommager les dessins délicats, les couleurs brillantes, la diaprure veloutée de ses ailes ? Et puis, comment reproduire l'accent du conteur, l'expression de son visage, les intentions fines qui ajoutaient au sens des mots, à l'élégance de la pensée ?

Néanmoins, nous allons, en consultant aussi

exactement que possible nos souvenirs, essayer de répéter une de ces délicieuses bluettes que nous avons entendues de la bouche même de Méry. Si elle perd sous notre plume une grande partie de son charme, il ne faut s'en prendre qu'à l'insuffisance du sténographe.

Cela s'appelle :

LE PARRICIDE.

Méry devait dîner chez des gens du monde, au faubourg Saint-Germain. Il était fort recherché, comme on sait, et les salons les plus aristocratiques s'ouvraient pour lui. Il arriva exactement à l'heure indiquée, et la plupart des invités firent de même. Cependant un d'eux se trouvait en retard. Un quart d'heure, une demi-heure se passa, et le retardataire ne venait pas.

Il est toujours imprudent de se faire attendre pour un dîner, car ce ne sont jamais les bonnes qualités de l'absent qu'énumèrent les impatients et les affamés. On était réuni dans le salon, autour du feu. La conversation languissait, et certains assistants commençaient à étouffer de petits bâillements, — les bâillements de la faim. D'autres, selon l'usage, mangeaient un peu de l'invité qui n'arrivait pas, en attendant de manger autre chose. Parmi ceux-là le comte de X***, le maître de la maison, ne se montrait pas des moins irrités, et lâchait des épithètes assez malsonnantes à l'encontre du retardataire. Or, ce retardataire était un grand personnage, fort en crédit, auquel un fâcheux écho pouvait répéter tôt ou tard ces trop vives paroles. Aussi la comtesse paraissait-elle au supplice. Elle ne savait comment imposer silence à son mari, comment faire prendre patience à ses hôtes. Dans son anxiété, elle se tourna vers Méry et lui adressa un regard qui voulait dire : « Venez à mon aide. »

Méry comprit ; il se leva, et, s'adossant à la cheminée, il dit au maître de la maison avec sa bonhomie familière :

— Vous avez bien raison, mon cher comte, de détester les gens inexacts, et je partage tout à fait votre horreur pour eux. Je vais vous en donner la preuve.

« Il y a quelque temps, las de l'isolement où je vivais, j'éprouvai le besoin d'avoir un ami intime.

J'annonçai cette intention dans le cercle de mes connaissances. On se dit : « Méry est un bon garçon, il donne des billets de spectacle, il a d'excellents cigares, » et il se présenta des candidats.

« Parmi ces aspirants à mon amitié, j'en remarquai deux qui me semblèrent être ce qu'il y avait « de plus propre » dans la bande, un brun et un blond. Je les engageai à se trouver ensemble chez moi un certain jour. Ils vinrent ; et après les avoir installés dans mes meilleurs fauteuils, leur avoir offert de mes meilleurs cigares, je leur dis :

« — Messieurs, l'amitié est chose sainte, et on ne doit pas la prodiguer, car elle s'amoindrit en s'éparpillant. J'ai témoigné le désir d'avoir un ami, mais je n'en veux pas deux, et il me faut choisir entre vous. Seulement, avant de faire un choix, il importe que je vous connaisse à fond l'un et l'autre. Chacun de vous doit avoir, au moins, un vice qui pourrait rendre notre amitié impossible. On n'est pas parfait, je le sais bien, et le vice, dont vous vous accuserez, ne sera peut-être pas de nature à élever un obstacle très-sérieux entre nous. Je vous prie donc de faire un examen de conscience, de m'apprendre avec franchise quel est votre vice dominant. Si vous me le cachiez, je ne le découvrirais pas moins quelque jour, et alors il pourrait en résulter de la brouille entre nous... Des amis qui se brouillent deviennent trop souvent de mortels ennemis !... Epargnons-nous ces désagréments et parlez avec une entière sincérité... Vous, le grand brun, commencez... je vous écoute.

« Mon speech fini, je m'assis dans le fauteuil du milieu, et j'allumai un cigare à mon tour.

« Le grand brun eut l'air de réfléchir profondément.

« — Ma foi! monsieur Méry, dit-il enfin, j'ai beau chercher, je ne me connais pas le moindre vice... Vrai ! je voudrais pouvoir m'accuser de quelque chose, et je ne trouve pas.

« — Allons donc ! Si l'on n'a ni vice, ni défaut, on a toujours un travers, un ridicule... et souvent un ridicule est plus insupportable qu'un vice.

« — Je ne dis pas le contraire... Mais ridicule, travers ou défaut, je ne vois rien à confesser. Attendez pourtant : puisqu'il faut absolument se reconnaître une imperfection... Mais c'est si peu de chose...

« — Dites toujours.

« — Eh bien ! donc, monsieur Méry, quoique doux comme un agneau, peut-être suis-je un peu emporté... violent même. C'est sans aucune espèce de malice ; seulement, quand je suis en colère, je ne me connais plus. A la moindre contradiction, je m'irrite, je me monte et je ne sais plus ce que je fais. Pour vous en citer un exemple : une légère discussion s'éleva un jour entre mon père et moi, je ne sais plus à quel sujet. Mon père me contraria un peu, et, un couteau se trouvant sous ma main, je lui en portai un coup *qui le tua net...* J'en fus bien fâché, car je n'y avais mis aucune mauvaise intention... Je vous le répète, je suis doux comme un agneau, et, à part ces petits accès, il est impossible de trouver un caractère plus égal, plus bonasse que le mien.

« J'avais écouté froidement et en silence.

« — Fort bien, monsieur, lui dis-je ; est-ce tout ?

« — C'est tout; et vous voyez que ce n'était pas la peine de parler...

« Je me tournai vers le petit blond :

« — A vous, lui dis-je.

« — Quant à moi, monsieur Méry, répliqua le

blond, il est bien rigoureusement vrai que je n'ai et que je ne me connais ni vice, ni défaut, ni ridicule... Je n'ai pas tué papa, moi ! ajouta-t-il en jetant un regard oblique au grand brun ; je ne suis ni emporté ni querelleur, et rien ne me manque pour faire un véritable *ami du Monomotapa*.

« — C'est possible ; mais, en cherchant bien, vous finirez par vous découvrir aussi quelque tache légère... Vous ne prétendez pas être parfait, que diable ?

« — Eh ! eh ! pourquoi pas ?... Cependant, j'y songe... Peut-être s'avisera-t-on de considérer comme un défaut l'habitude que j'ai d'oublier constamment mes invitations et mes rendez-vous, ou d'y arriver beaucoup trop tard. Ainsi, lorsque j'ai promis de me trouver quelque part à midi, il est rare, très-rare, que je vienne avant quatre heures du soir... si je viens. Cette inexactitude m'a déjà causé quelques ennuis ; mais, comme elle n'a d'inconvénients que pour moi, et comme je suis obligeant, poli, serviable...

« Je me levai.

« — Est-ce tout, monsieur le blond ? demandai-je encore.

« — C'est tout ; et, vous le voyez, il n'y avait pas de quoi...

« Je m'écriai d'une voix ferme :

« — JE PRENDS LE PARRICIDE ! »

Dans le salon de M. de X***, un éclat de rire général accueillit le mot de la fin. Au même instant, entra le convive retardataire, qui s'excusa comme il put, et bientôt le maître d'hôtel, ouvrant les deux battants de la salle à manger, annonça que « Mme la comtesse était servie. »

La comtesse vint avec empressement prendre le bras de Méry.

— Merci, lui dit-elle tout bas.

Méry ne se contentait pas d'être spirituel en paroles, il l'était aussi en actions, et toute sa génération a connu les *charges* qu'il faisait, étant jeune, à des bourgeois ridicules. On en a mis sur son compte un très-grand nombre qui n'étaient pas de lui; et quant à celles qu'il avouait, il disait en clignant des yeux : « Ah! depuis que nous vivons sous un régime de liberté, on passerait en police correctionnelle pour une semblable plaisanterie. » Henry Monnier, à qui l'on attribuait aussi beaucoup de *charges* de cette nature, disait même chose.

Néanmoins Méry, à tous les âges, eut certaines manières d'agir qui s'écartaient des voies communes.

Une fois, il avait gagné quatre mille francs en pièces de quarante francs, car, il faut bien l'avouer, il était un peu joueur, et ainsi s'explique peut-être comment, après tant de succès lucratifs, il est mort sans fortune. En emportant son gain, il se disait :

— Il y a là de quoi passer tranquillement l'hiver, si je sais être sage... Oui, mais je me connais, je ne serai pas sage. Ou je jouerai encore et je perdrai; ou bien il viendra *quelqu'un* qui me raflera tout ou partie de mes quatre mille francs... Comment faire ?

Après réflexion, voici de quoi il s'avisa :

Il commanda de nettoyer un cabinet noir, fermant à clef, qui se trouvait à l'extrémité de son appartement ; puis, il se rendit au chantier de bois à brûler le plus voisin.

— Je veux, dit-il, deux charretées de grosses bûches.

On lui montra ce qu'on avait de mieux en ce genre.

— Plus gros encore ! dit Méry.

On le conduisit devant une pile de véritables troncs d'arbres.

— C'est bien petit... Ne sauriez-vous me trouver du bois d'un calibre supérieur ?

On finit par le mettre en présence d'énormes souches dont la moindre pesait cent kilogrammes.

— Voilà mon affaire, dit le poëte ; emplissez deux tombereaux de ces machines-là et envoyez-les chez moi sur-le-champ.

Quand le portier vit arriver ces masses ligneuses, il jeta les hauts cris, jurant qu'on allait défoncer la maison.

— Je vous la devrai, dit Méry.

Et il fit transporter ses souches dans le cabinet noir, qui s'en trouva plein jusqu'au plafond. Ayant congédié les travailleurs, il alla chercher la somme gagnée et lança les pièces de quarante francs à toute volée dans l'intervalle des billes de bois. Quand elles eurent disparu jusqu'à la dernière, il ferma la porte du cabinet et en retira la clef.

On comprend quel était son projet. Pour repêcher une pièce d'or, il fallait déplacer cinq ou six de ces horribles souches. Méry, paresseux comme une couleuvre, reculait le plus possible devant une corvée de ce genre, et sa paresse servait ainsi de frein à sa prodigalité.

Nous ne saurions dire si, grâce à ce moyen, il put passer un hiver tranquille; toujours est-il que les pièces de quarante francs ne devaient plus être très-nombreuses dans la tirelire, quand un jour, un de ces mendiants à domicile, qui sont le fléau des gens de lettres, vint invoquer la générosité de Méry. Le spirituel auteur était au travail, et ce dérangement l'impatientait. Il regarda pourtant dans le tiroir où il plaçait sa monnaie; il n'y avait plus rien. Comme l'autre le fatiguait de sollicitations, Méry dit en se levant avec impatience :

— Allons ! venez... Vous chercherez vous-même.

Il conduisit le mendiant au cabinet noir.

— N'en prenez qu'*une* pour vous, et rapportez-moi les autres, car je n'ai plus le sou.

Et il retourna à son travail.

L'homme aux bottes éculées était resté tout ébahi en présence de ces billes colossales. Cependant, peut-être quelque chose qui brillait par terre, dans les débris de mousse et d'écorce, lui ouvrit l'intelligence, car on l'entendit assez longtemps bousculer les souches avec ardeur. Méry, étonné de ne pas le voir reparaître, finit par revenir au cabinet noir. Le mendiant, tout rouge, tout essoufflé, tout en nage, se disposait à partir.

— Eh bien ? demanda Méry.

— Je n'en ai qu'une, monsieur, répliqua l'homme ; je n'en ai qu'une, je vous le jure !

Et il se sauva à toutes jambes.

Méry ne songea pas à le poursuivre.

— Que le diable l'emporte ! murmura-t-il ;
l'imbécile a remis les souches en place !

Méry se disputait parfois avec Léon Gozlan. C'étaient alors des luttes joyeuses, des pluies de mots étincelants, des cliquetis d'épées courtoises, à faire pâmer d'aise la galerie. Peut-être, au fond, les deux Marseillais ne s'aimaient-ils pas beaucoup, mais ils semblaient s'apprécier réciproquement à leur juste valeur. Léon Gozlan, avec sa face de lion, sa voix puissante, son rire bruyant, n'était pas d'ordinaire le plus fort contre Méry, toujours calme, posé, ne riant jamais aux éclats et souriant à peine. N'importe ! les spectateurs assistaient avec un extrême plaisir à ces tournois de la parole, et on a rarement vu des jouteurs aussi merveilleux.

Puisque le nom de Gozlan est venu sous notre plume, disons quelques mots de l'écrivain, dont on admirait le *style à facettes*.

Gozlan n'avait pas, pour l'improvisation des petits contes, la facilité étonnante de Méry; en revanche, il improvisait, comme lui, de petits vers, et souvent des épigrammes dont la causticité satirique lui attirait bien des inimitiés.

A l'époque dont nous parlons, le comité des Gens de lettres, en se réunissant le lundi, trouvait souvent, sur la table des séances, quelque album apporté par un des membres de la Société, et dans lequel les célébrités présentes étaient invitées à écrire des vers ou de la prose. Un jour, on apporta ainsi un grand album, très-richement relié et timbré de magnifiques armoiries. Il appartenait à la princesse de Z***, alors très à la mode dans le monde parisien, et un des confrères, chargé de racoler des autographes, pria Gozlan d'y écrire quelque chose.

Gozlan tourna et retourna le superbe livre, en admira les précieux ornements, le feuilleta avec curiosité; puis, saisissant une plume, il demanda au confrère :

— Est-elle jeune, la princesse ?

— Heu ! heu !... Elle l'a été, et il n'y a pas encore longtemps.

— Est-elle jolie ?

— Heu ! heu ! oui... encore un peu.

— Je comprends.

Et Gozlan, parodiant les vers bien connus de Malherbe, écrivit sans hésiter :

Elle appartient au monde où les plus belles choses
  Ont souvent trop vécu,
Et, rose, elle devient, comme les vieilles roses,
  Un triste gratte-cu.

On n'a jamais su si la princesse avait conservé précieusement cet autographe.

Une autre fois, Gozlan, se trouvant à Bruxelles, voulut visiter le *Jardin botanique.* Par malheur, ce jour-là, le jardin était fermé au public, et Gozlan, désappointé, dut parlementer avec le concierge.

— Quels jours entre-t-on ? demanda-t-il.

— Les mardis seulement, monsieur.

— Et que voit-on, dans votre jardin ?

— Des plantes étrangères, des arbres d'Amérique.

— C'est bien... Et il n'y a aucun moyen d'entrer en ce moment ?

— Aucun.

Gozlan tira un crayon de sa poche et écrivit en gros caractères sur la porte :

>Au jardin botanique
>Poussent quatre radis,
>Qui viennent d'Amérique
>Et qu'on voit les mardis.

Quelques Bruxellois prirent mal la chose et Gozlan fut obligé de s'esquiver.

Revenons à Méry.

Il a commis de nombreux calembours, dont plusieurs sont restés célèbres ; mais il les a tout expiés, en une fois, par le fait d'Offenbach.

C'était à l'assemblée générale des auteurs dramatiques, et on appelait successivement chaque membre de l'assemblée pour voter au bureau. On appela à son tour Méry, qui, entortillé dans un ample cache-nez (on sait combien il était frileux), s'avança en s'appuyant sur sa canne. Offenbach se trouvait à quelques pas, entouré de ses amis.

— Savez-vous, demanda-t-il tout haut, quel est le nom véritable de Méry?

— Parbleu! répondit-on.

— Vous n'y êtes pas... son nom réel est *Onal*.

— Que diable chantes-tu là?

— Écoutez donc, il vous le dira lui-même et il en est fier : il est *Méry dit Onal* (méridional).

Offenbach se hâta de fuir, ses amis voulaient le tuer.

Quand il parlait, Méry ne s'émouvait nullement du nom, de la qualité ou du nombre de ceux qui l'écoutaient. Il était l'ami de plusieurs souverains et aussi de plusieurs souveraines ; dans les salons royaux, comme dans les salons bourgeois et en public, il se montrait toujours calme, égal à lui-même.

On n'a pas encore oublié la conférence qu'il fit sous le second Empire, à la salle Valentino, au profit de la caisse des Gens de lettres. Deux mots sur les causes de cette conférence.

Méry exposait certaines thèses que ses amis appelaient des « toquades » ou des «dadas», mais qu'il défendait mordicus, quoi qu'on pût dire. Une de ces « toquades » consistait à prétendre, contrairement à l'opinion établie, qu'Annibal, après la bataille de Cannes, avait eu raison de ne pas marcher aussitôt sur Rome et de s'endormir « dans les délices de Capoue. » Le bon Méry trouvait un intérêt capital à ce paradoxe historique. Il était allé à Rome pour étudier les lieux et les distances, et sa verve irrésistible devait couvrir ce qu'il y avait d'étrange dans un pareil sujet. Aussi, quand il proposa à la Société des Gens de lettres de faire une conférence publique sur cette question, accepta-t-on avec empressement.

Néanmoins, il ne pouvait seul soutenir le pour et le contre de sa thèse ; il lui fallait un contradicteur, comme, dans les conciles réunis pour une béatification, il faut un avocat de Dieu et un avocat du diable. Le contradicteur choisi fut Frédéric Thomas, à la fois homme de lettres et avocat, tout à fait digne de lutter de finesse et d'entrain avec Méry.

Ce n'était pas tout ; il importait de constituer une sorte de tribunal burlesque, pour juger, séance tenante, la contestation soi-disant historique. Ce rôle muet de membre du tribunal était éminemment dangereux et on le sentait bien ; mais comment se refuser aux sollicitations de Méry, qui prenait à cette affaire un plaisir d'enfant ? Le tribunal se constitua donc ; il se composait de Georges Bell, le fidèle Achate du conférencier, de Champfleury, d'Albéric Second et de moi.

Le jour de la conférence arriva. La salle Valentino s'emplit de personnes venues pour voir et pour entendre Méry ; jamais la caisse des Gens des lettres n'avait eu recette semblable ; on se foulait, on s'écrasait aux portes. En attendant l'heure de la séance, les futurs acteurs de la chose étaient empilés dans un étroit réduit servant de coulisses. Ils éprouvaient une vive émotion ; quelques-uns tremblaient à la pensée de paraître en public. Méry, seul, ne cessait de sourire.

— C'est moi, disait-il, qui joue la plus grosse partie, et cependant je suis tranquille... Tâtez mon pouls ; il n'a pas un battement de plus qu'à l'ordinaire.

Le succès fut immense ; il est vrai que Frédéric Thomas en mérita sa large part. Le brillant avocat tint bravement tête à Méry sur le terrain de l'esprit, du bon goût, de l'éloquence, et, comme Méry, il fut couvert d'applaudissements. Tout marcha donc à souhait, et les trembleurs muets purent se rassurer. Du reste, leurs alarmes n'avaient pas été tout à fait vaines ; car, dès le lendemain, certains journalistes rébarbatifs leur criaient, du fond de leur journal :

— C'est fort bien, messieurs ; mais n'y revenez plus.

Le curieux fut que cette conférence si inoffensive sur Anibal à Capoue causa, paraît-il, quelque trouble aux Tuileries. Certains rapports représentèrent les plaidoiries des deux aimables orateurs comme des manifestations politiques, pleines d'allusions subversives et tendant à détruire le gouvernement impérial dans le plus bref délai. Heureusement M. Victor Duruy, un des hommes les plus littéraires et un des ministres les plus éminents qu'ait eus l'Instruction publique, avait pris la précaution de faire sténographier ce qui s'était dit à Valentino. Il mit sous les yeux de qui de droit le compte rendu exact de la séance et l'aventure, aux Tuileries comme ailleurs, finit par un éclat de rire.

―――――

Pauvre Méry! Cette conférence fut un de ses derniers triomphes. Peu de temps après, il s'éteignait dans la plénitude de ses facultés et de son talent. Déjà il avait vu surgir autour de lui une génération nouvelle qui prenait pour devise *nil mirari;* le temps de l'opérette, du gros rire, des calembours *par à peu près* était venu; cet esprit si gracieux, si délicat, si français commençait à n'être plus à l'unisson avec les idées, avec les formes qui avaient cours. La popularité de Méry déclinait, sa personne n'était plus connue des Parisiens; et, à cet égard, celui qui écrit ces lignes demande la permission de se mettre un moment en scène.

Vers 1840, je me promenais sur le boulevard Italien avec un ami, quand passa un homme de taille moyenne, simplement mais convenablement vêtu, à physionomie ouverte, que tout le monde regardait, à qui tout le monde souriait et qui souriait à tout le monde. La foule s'ouvrait devant lui avec un respect bienveillant, et on se retournait pour le voir encore. Je ne le connaissais pas, bien que son nom parût être sur toutes les lèvres. Mon ami me dit :

— Regardez... c'est Méry.

— Méry, m'écriai-je ; le grand poëte, le merveilleux romancier, le plus charmant causeur de France?... Méry !

— Mais certainement, je ne crois pas qu'il y en ait deux.

Je plantai là mon compagnon qui riait de mon enthousiasme, et je me mis à suivre Méry. Je ne le perdis pas un instant de vue, depuis le passage de l'Opéra jusqu'au faubourg Poissonnière, sur la ligne des boulevards ; j'observais ses moindres mouvements, les gens qui l'abordaient, et je puis affirmer que, pendant ce court trajet de dix minutes environ, plus de QUARANTE PERSONNES le saluèrent, lui serrèrent la main ou échangèrent quelques mots avec lui en passant.

A cette époque de ma jeunesse, j'eus plusieurs fois la fantaisie d'observer ainsi l'éminent homme d'Etat, M. Thiers ; et l'ancien président du Conseil, dont la personne était pourtant si connue, ne récoltait pas la moitié des hommages qu'on prodiguait au poëte.

Trente ans plus tard, peu de temps avant la mort de Méry, je me promenais en face de l'Opéra-Comique. Il était deux heures de l'après-midi ; les cafés regorgeaient de monde, la foule encombrait les trottoirs, comme au temps passé. Une affaire m'appelait à l'Opéra-Comique et la personne que je désirais voir ne devait pas arriver avant quatre heures. J'avais donc deux heures entières pour arpenter l'asphalte et j'étais de fort mauvaise humeur, quand le plus heureux des hasards me fit rencontrer Méry.

Quoique mon ancienne admiration pour lui n'eût fait que s'accroître, nous étions alors sur le pied d'une sorte d'intimité On peut juger de la joie que me causa une pareille bonne fortune et dans un pareil moment ! Méry prit mon bras, et nous nous promenâmes longuement ensemble.

Tandis que je m'abandonnais au prestige de cette parole enchanteresse, je n'oubliai pas ma première rencontre avec Méry, tant d'années auparavant, et je ne pouvais m'empêcher de regarder à droite et à gauche...

— Eh bien ?

— Eh bien ! pendant près de deux heures que nous fûmes ensemble, à cet endroit le plus fréquenté par le monde parisien, UNE SEULE PERSONNE salua Méry... Encore pouvais-je revendiquer une moitié de ce salut, car il provenait d'une de nos connaissances communes !

Cette toute petite anecdote n'est-elle pas « un signe du temps ? » Ne donne-t-elle pas une idée du changement considérable survenu dans les mœurs, dans les goûts, dans les tendances de la génération nouvelle ? L'homme d'intelligence, dont la personnalité était si recherchée autrefois, demeurait maintenant perdu au milieu de la foule indifférente. Qu'importait Méry, cette ancienne gloire parisienne, aux étrangers, aux boursiers, aux *gommeux*, buvant leur absinthe devant les cafés et regardant la fille aux cheveux jaunes .. qui passe et leur montre sa jambe ?

II

Merle et Mme Dorval. — Les mots historiques. — L'hôtel Aguado.— Le déjeuner par contrainte. — Les rédacteurs en chef de la *Quotidienne*. — M. de Riancey et le timbre du feuilleton.

Sous la Restauration et le règne de Louis-Philippe, florissait, dans la presse légitimiste, un excellent et savant critique; c'était Merle, qui avait épousé la grande actrice Mme Dorval. Nous ne saurions dire si Merle par sa naissance appartenait à la noblesse ; mais, quoique un peu bohème, il avait les manières d'un vrai gentilhomme, et sa plume, vive et acérée, ne cessait jamais d'être courtoise.

Merle travailla d'abord pour la scène et produisit beaucoup de pièces, telles que le *Bourgmestre de Saardam, le Ci-devant jeune homme, Préville et Taconet,* etc., qui, interprétées par Potier, Brunet et Lepeintre aîné, obtinrent d'énormes succès jadis. Mais il avait quitté le théâtre comme auteur pour y rentrer comme critique, et pendant de longues années, il fut chargé du feuilleton dramatique à la *Quotidienne,* puis à l'*Union,* qui remplaça la *Quotidienne.*

Il passait pour un homme de grand sens et on lui attribuait certains mots historiques des Bourbons de la branche aînée. On assurait notamment que la fameuse parole de Charles X : « Il n'y a rien de changé en France ; il n'y a qu'un Français de plus », était une inspiration de Merle ; mais nous l'avons entendu s'en défendre énergiquement. En revanche, le mot que nous allons répéter est plus authentiquement de lui.

Les chefs de l'opinion légitimiste, tous ducs, marquis ou barons, étaient réunis dans les bureaux d'un journal pour s'entendre sur la direction à donner aux affaires du parti, et les principaux écrivains royalistes assistaient à la séance. Merle s'y trouvait et, dans le feu de la discussion, il exprima un avis qui déplaisait au duc de ***, un des membres de l'assemblée.

— Eh! monsieur, lui dit avec hauteur le noble personnage impatienté, vous parlez comme un homme de lettres !

Merle se redressa.

— Monsieur le duc, dit-il fièrement, savez-vous bien ce que c'est qu'un homme de lettres ? C'est un homme qui, avec *ceci* (et il montrait une plume) peut faire tomber votre tête !

Le duc se récria.

— Merle a raison, dit le vicomte W***, qui était une des lumières du parti; puissiez-vous, mon cher duc, n'avoir jamais l'occasion de vous en assurer !

Malgré ces hautes fréquentations, malgré la distinction de son langage et de ses manières, Merle, comme nous l'avons dit, était un peu bohème. Il appartenait à cette joyeuse bande d'épicuriens qui, sous la Restauration, continuaient certaines traditions de l'ancien régime, et il avait de plus toute l'imprévoyance insouciante de l'artiste. Mme Dorval ne lui en devait guère sur ce point; aussi faisaient-ils un assez singulier ménage.

On parla beaucoup, dans le temps, d'un voyage qu'ils commencèrent avec grand fracas, pour se rendre en Italie, je crois. Ils partirent un jour en superbe berline de poste, avec courrier en avant, laquais devant et derrière. Jusqu'où allèrent-ils ? Nul ne le sait. Mais, un mois plus tard, leurs amis de Paris reçurent des lettres désespérées. Le mari et la femme, après avoir congédié les laquais, mangé le prix de la voiture, engagé leurs malles, étaient eux-mêmes en gage dans l'auberge d'une obscure bourgade. Il fallut envoyer bien vite quelques centaines de francs pour leur rendre la liberté et leur permettre de revenir... en patache.

Un des Mécènes de la littérature était alors le riche banquier Aguado, marquis de las Marismas, qui formait, dans le vaste hôtel de la rue Grange-Batelière (aujourd'hui mairie du neuvième arrondissement, rue Drouot) sa belle et célèbre galerie de tableaux. Aguado aimait les gens de lettres ; il les invitait fréquemment à sa table, qui était somptueuse, et plusieurs avaient toujours leur couvert mis dans sa maison. Le financier millionnaire se plaisait à causer peinture, art, littérature avec des hommes de goût, et ces conversations lui procuraient un agréable délassement à la suite de ses calculs et de ses opérations de haute banque.

Parmi les habitués de l'hôtel Aguado étaient Merle, Balzac, Briffaut, rédacteur du journal *le Temps;* et tous les trois, en dehors des invitations *ad libitum,* assistaient spécialement à un déjeuner qui avait lieu le jeudi de chaque semaine.

Une grande gaieté présidait à ces déjeuners ; les invités payaient leur écot en saillies originales, en observations fines, en bons contes plus ou moins gaulois. Briffaut se montrait souvent un peu emphatique dans la conversation ; c'était un reste des traditions de l'Empire. En revanche, Merle avait un répertoire très-varié d'anecdotes qu'il disait avec une grâce infinie. Quant à Balzac, il s'abandonnait librement aux écarts de cette vanité naïve, qu'on lui pardonnait volontiers à cause de son immense talent d'analyste. C'était l'époque où il affirmait sérieusement que la France devait déclarer la guerre à la Belgique, pour obtenir le remboursement de plusieurs millions dont la Belgique lui avait fait tort, à lui Balzac, par ses contrefaçons éhontées. Si l'on élevait des doutes à cet égard, il tirait son carnet et prouvait arithmétiquement que le chiffre de millions n'avait rien d'exagéré. Peut-être plus d'une fois pria-t-il son amphitryon, l'habile financier, de vérifier ses calculs. Qu'eût-il donc dit aujourd'hui que, grâce aux traités internationaux si ridiculement conçus, les spéculateurs allemands, hollandais, espagnols, américains s'enrichissent plus effrontément que jamais aux dépens de la littérature française?

Mais revenons aux déjeuners de l'hôtel Aguado.

Comme le vin était délicat, la chère exquise, la société choisie, les invités n'avaient garde de manquer à ces réunions hebdomadaires. Or, l'hôtel, outre son hospitalière salle à manger, outre sa magnifique galerie toute bourrée de chefs-d'œuvre de Murillo et de Rubens, contenait les bureaux de la banque, si bien que les convives, en se livrant aux délices de la conversation et de la table, pouvaient entendre le bruit des sacs d'argent que l'on empilait dans une autre partie de la maison. Ce bruit tentateur devait inspirer certaines idées. Nous ne savons si Balzac et Briffaut les eurent ; mais la tête de Merle travailla, et un jour, choisissant bien son moment, il demanda au maître du logis qu'on lui ouvrît un crédit à la caisse.

Le crédit fut accordé, et Merle en profita pour se faire remettre trois mille francs.

Néanmoins, dans une maison de banque bien tenue, comme celle d'Aguado, on ne pouvait donner de l'argent sans exiger certaines garanties. Aussi le caissier eut-il soin, en versant les trois mille francs, de faire souscrire à Merle un billet d'égale somme. De plus, comme un billet ne peut pas être sans date, il fallut bien que l'emprunteur fixât l'année, le mois et le jour de l'échéance; du reste, on ne le chicana pas sur les délais qu'il jugea à propos de s'accorder pour le remboursement. L'affaire terminée, il se retira, l'esprit tranquille et le cœur joyeux.

Jusqu'au moment de l'échéance, Merle ne cessa

de fréquenter l'hôtel Aguado, et il ne manqua pas une fois d'assister aux déjeuners du jeudi. On l'accueillait toujours admirablement, et lui, de sa part, redoublait d'aisance et de bonne humeur. Sa dette ne lui causait qu'une médiocre préoccupation, il avait du temps devant lui ; d'ailleurs, il n'était pas dans sa nature de se mettre prématurément martel en tête.

Cependant l'échéance arriva, et le billet de trois mille francs fut présenté à domicile par un garçon de recette ; Merle ne paya pas. Avec quoi eût-il payé ? La somme était fricassée depuis longtemps ! Il fit donc le mort, espérant que les choses en resteraient là.

Point ; deux jours plus tard, il recevait la carte d'un huissier, puis une sommation sur papier timbré d'avoir à payer la somme de... francs et centimes. Cela devenait sérieux. Le pauvre Merle connaissait de longue date le grimoire des huissiers et savait la marche habituelle de ces sortes d'affaires : assignation, jugement, contrainte par corps, puis les gardes du commerce, puis... la prison de Clichy tout au bout de la perspective !

Il pensa un moment qu'il conviendrait d'écrire

à son créancier, afin de demander un délai; mais un délai n'eût pas servi à grand'chose, car l'impossibilité actuelle devait inévitablement se représenter plus tard. D'ailleurs, Merle avait la fierté des hommes d'intelligence... et des gueux. Il lui répugnait de s'humilier, de descendre à la prière. Peut-être aussi était-il curieux de savoir jusqu'où l'on irait avec lui, commensal et ami de l'opulent banquier.

On alla aussi loin que possible et on agit avec lui comme avec le premier venu. Le papier timbré continua de grêler chez le portier de Merle : l'assignation, le jugement, la signification, rien ne manqua. Enfin, un beau jour, deux gardes du commerce se mirent en faction à la porte du débiteur insolvable, pour le happer au passage.

Il n'y avait plus d'illusion à se faire; Mécène n'était, en définitive, qu'un homme d'argent, et prétendait exercer ses droits dans toute leur rigueur.

A cette époque, la loi ne permettait d'arrêter un débiteur que hors de chez lui, entre le lever et le coucher du soleil. La nuit, il pouvait sortir, sans avoir à craindre huissiers et recors, pourvu qu'il fût rentré avant l'heure légale.

Voilà donc Merle condamné à demeurer prisonnier dans sa maison, à ne prendre un peu d'air et d'exercice qu'à la lueur du gaz. C'était gênant pour un homme si répandu ! Mais il dut se résigner à sa triste destinée.

Comme on peut croire, du moment où il avait laissé impayé le billet de trois mille francs, il n'était pas retourné à l'hôtel Aguado et avait manqué les déjeuners du jeudi. Maintenant il éprouvait une vive irritation contre son impitoyable créancier, et il voulait, moins que jamais, lui faire des avances ou demander grâce.

Près d'une semaine se passa de cette manière. Traqué sans relâche, Merle tournait à l'oiseau de nuit. Ce n'était que la nuit, en effet, qu'il pouvait exercer son activité, et il ne s'en privait pas. Seulement il avait grand soin d'être rentré avant le lever du soleil, heure où les deux gardes du commerce reprenaient leur faction à sa porte.

Un matin, pourtant, le malencontreux vaudevilliste s'était oublié quelque part. D'où venait-il et où avait-il passé la nuit ? Cela ne regarde personne. Toujours est-il qu'il avait dû être retenu par une cause bien puissante, car, lorsqu'il arriva devant sa maison, les deux satanés gardes étaient depuis longtemps en sentinelle.

Avant qu'il eût pu essayer de fuir, ils s'élancèrent sur lui et le saisirent au collet.

—Au nom de la loi!... suivez-nous.

— Messieurs! messieurs! s'écria Merle en se débattant, vous n'êtes pas dans votre droit; il n'est que six heures, et le soleil n'est pas levé.

— Il est huit heures et demie, répliqua un des gardes en goguenardant, et c'est vous qui vous êtes *levé* trop tard !

Merle regarda sa montre ; c'était vrai. Ne voulant ni causer de scandale dans la rue, ni tenter une résistance inutile, il se livra aux mains des agents.

On le traita avec une certaine politesse. A la vérité, on ne lui permit pas d'entrer chez lui pour prévenir sa famille et pour prendre quelques effets de rechange; mais un des gardes du commerce alla chercher un fiacre. On fit monter le prisonnier, et quand il fut installé entre ses deux acolytes, la voiture se mit en marche.

Nous ne saurions dire de quelle couleur étaient les réflexions de Merle en ce moment, mais, sans aucun doute, elles n'étaient pas couleur de roses. Pendant qu'il s'y abandonnait, il eût pu s'apercevoir que le fiacre ne suivait pas le plus court chemin pour se rendre à Clichy-les-Dettes. Sûr d'arriver, le vaudevilliste se souciait peu des détours de la route, quand tout à coup la voiture franchit une vaste porte cochère et s'engagea dans l'espèce de longue avenue conduisant au corps de logis principal de l'hôtel Aguado.

Merle parut sortir d'un profond sommeil.

— Où sommes-nous? demanda-t-il avec une surprise mêlée d'effroi.

— Vous le voyez bien, répondit-on ; nous avons certaines formalités à remplir ici, et nous exécutons nos ordres.

Merle était atterré. Quelle humiliation ! Il allait sans doute comparaître devant son terrible créancier ; on allait l'accabler de reproches, de paroles blessantes. L'homme d'argent, en pareil cas, manque rarement d'abuser de ses avantages sur l'homme d'intelligence. Que répondrait Merle ? Quelle contenance garderait-il ? En y pensant, la sueur lui montait au front. Il eût préféré cent fois être déjà dans un cachot de Clichy, avec des fers aux pieds et aux mains, — si toutefois Clichy avait des cachots et des fers, — que d'être à l'hôtel Aguado, où il avait joué jadis un rôle si brillant.

Pendant qu'il éprouvait ces angoisses, la voiture s'était arrêtée devant le perron de l'hôtel. Un des gardes du commerce alla prendre certaines informations. Au bout d'un moment, il revint et parla bas à son camarade. On fit descendre Merle ; on traversa le vestibule ; on monta le grand escalier de pierre et on finit par introduire le prisonnier dans une pièce qui lui était inconnue. Là, ses gardiens l'engagèrent à s'asseoir, tandis qu'eux-mêmes s'asseyaient à quelques pas pour surveiller ses mouvements, et l'un d'eux lui dit:

— Prenez patience...On vous préviendra quand il sera temps.

Merle n'avait rien de mieux à faire que d'attendre.

L'attente fut longue, si longue qu'il semblait à l'auteur du *Ci-devant jeune homme* qu'elle durait depuis plusieurs heures. Son exaspération devenait extrême ; n'était-ce pas mettre le comble à l'outrage que de lui imposer cette mortelle station dans une antichambre ? Poussé à bout, il demanda à ses gardiens si l'on n'allait pas bientôt partir.

— Tiens ! dit l'un d'eux, vous êtes joliment pressé !... On est encore mieux ici que *là-bas*, et vous aurez tout le temps de vous en apercevoir !

Puis il se remit à chuchoter et à ricaner avec son camarade.

La matinée s'écoula ainsi. On entendait un grand bruit de voitures dans la cour ; il y avait beaucoup de mouvement, des éclats de voix, des rires dans l'intérieur de l'hôtel ; seule, la pièce où Merle était détenu demeurait morne et silencieuse. L'infortuné vaudevilliste était hors de lui. Il se promettait, dès qu'il allait voir le riche insolent, de lui adresser le plus formidable *quousque tandem, Catilina !* Comme il préparait les éloquentes tirades dont il comptait l'accabler, les épithètes insultantes qu'il voulait lui jeter à la face, une porte intérieure s'ouvrit, et un domestique annonça d'un ton respectueux, quoique un peu railleur, que « Monsieur Merle était attendu. »

Ce domestique, Merle le connaissait bien. C'était Comtois, le maître d'hôtel de M. Aguado, Comtois, avec sa large figure rouge, avec sa cravate blanche, son habit noir mal fait, et ses escarpins vernis. Il le tutoyait, suivant ses habitudes d'ancien régime, et ne manquait jamais de lui adresser une bonne parole en passant. Mais cette fois, il sembla n'avoir jamais vu le maître d'hôtel. Il se leva et dit brusquement :

— Allons ! conduisez-moi... et tâchons d'en finir.

On laissa les gardes du commerce, qui ne jugèrent à propos ni de s'en plaindre, ni de s'y opposer, et Merle, précédé du valet, s'engagea dans une longue enfilade de pièces. Bientôt une dernière porte s'ouvrit, et on annonça d'une voix retentissante :

— Monsieur Merle !

Au bout de quelques pas, le prisonnier s'arrêta, stupéfait et ébloui. Il se trouvait dans la salle à manger de l'hôtel Aguado, et on venait de servir le déjeuner.

Alors seulement il se souvint que ce jour-là était un jeudi.

Jamais les apprêts du festin n'avaient été aussi somptueux. La table étincelait de cristaux, de porcelaines précieuses. Les surtouts d'argent supportaient des corbeilles de fleurs. Des valets, en éclatante livrée, glissaient sur les tapis pour accomplir leur office. Une odeur suave de truffes se mêlait au parfum de camélias et des roses, tandis que des bouteilles, au casque d'or et d'argent, s'alignaient sur le grand buffet d'ébène.

Merle était sensuel, même un peu gourmand, et, d'ailleurs, il mourait de faim. Cependant ce ne fut pas d'abord sur la table que se porta son attention, ce fut sur les futurs convives. Ils étaient là, chacun à sa place, mais encore debout attendant le signal de s'asseoir. Outre M. Aguado, le maître de la maison, on reconnaissait tous les invités habituels, et notamment Balzac et Briffaut, qui riaient, les sans-cœur ! en voyant la mine piteuse de leur ami.

La colère de Merle tomba tout à coup, et il eût voulu être à cent pieds sous terre. Comme il demeurait immobile, décontenancé, ne sachant que dire et que faire, Aguado lui cria d'un ton de bonne humeur :

— Ah çà ! mon cher Merle, il paraît qu'il faut employer les grands moyens pour vous avoir !... Pourquoi diable n'êtes-vous pas venu, depuis bientôt trois mois, à nos déjeuners du jeudi ?

— Monsieur le marquis, balbutia le vaudevilliste, vous ne pouvez ignorer... J'ai cru que dans des circonstances si pénibles pour moi...

— Allons donc ! vous avez bien toute la bêtise des hommes d'esprit !... Mais prenez vite votre place, car le déjeuner refroidit et ces messieurs s'impatientent.

Il s'assit et les invités l'imitèrent. Merle croyait rêver ; la tête lui tournait ; il se dirigea en chancelant vers l'unique place restée vide, — son ancienne place, — et se laissa tomber sur une chaise. Sans trop savoir ce qu'il faisait, il allongea le bras pour prendre sa serviette, et, sous l'édifice savant de linge damassé, il trouva... le dossier de papier timbré qu'il avait vu, un moment auparavant, entre les mains des gardes du commerce.

La première pièce de ce dossier était le malencontreux billet de trois mille francs, au bas duquel on avait écrit d'une main ferme : *Pour acquit :* AGUADO.

Les assistants regardaient Merle en dessous et riaient.

— Bah ! dit à demi-voix Briffaut, qui était auprès de lui, tu feras de ton aventure un vaudeville que tu intituleras : *Le Déjeuner par ministère d'huissier*.

— Ou bien, *Truffes et recors*, ajouta Balzac.

Merle était vraiment homme de sens, et il le prouva en cette occasion.

Après avoir employé quelques instants à se remettre de sa chaude alarme, il mangea avec appétit, but à l'avenant, et les convives affirmèrent qu'il n'avait jamais montré autant de gaieté et d'à-propos.

Quand il se retira, après avoir remercié chaleureusement le banquier, il dut passer devant les cuisines. Par une porte restée ouverte, il vit *ses* gardes du commerce attablés avec les palefreniers et les marmitons, et ils s'en donnaient, ils s'en donnaient !... La journée sans doute n'était pas mauvaise aussi pour eux.

Plus tard, si l'on rappelait à Merle cette histoire, il disait avec son bon sourire :

— Ah ! un homme de lettres était encore quelque chose en ce temps-là !

Le marquis de Las Marismas mourut peu de temps après, et le roi de la finance, qui demeurait rue Laffitte, s'écriait, en apprenant que le défunt laissait une fortune de vingt ou trente millions :

— Tiens ! ce pauvre Aguado, je le croyais *plus à son aise !*

Merle ne trouva pas toujours sur son chemin des banquiers généreux et des maisons hospitalières comme Aguado et sa maison. Aussi bien, sa femme, l'actrice de génie, n'avait jamais passé pour excellente ménagère, et il y avait des moments de gêne dans leur demeure de la rue du Bac. Ce fut sans doute dans un de ces moments que l'ancien auteur dramatique disait à un de ses amis, monarchiste comme lui, mais d'une couleur incertaine :

— Vois-tu, mon cher X***, si jamais « le roi » revient, je lui demanderai tout bonnement de me nommer concierge d'un des châteaux royaux.

— Concierge ! Tu n'as pas des goûts bien relevés, mon pauvre Merle !

— Eh ! morbleu ! t'imagines-tu que les concierges de Fontainebleau, de Compiègne ou de Saint-Cloud tirent le cordon ? Il ne faut pas s'occuper des noms mais des choses. Excepté pendant quelques jours par an que la cour passe dans une de ces résidences royales, le concierge en est le véritable maître. Il a pour lui seul les superbes appartements et les objets d'art qu'ils contiennent ; il a les fleurs et les fruits des jardins, les poissons des viviers, le gibier du parc... Toi qui fais tant le fier, sûrement tu ne refuserais pas une place de chambellan, avec la clé dans le dos, si l'Empire revenait, ou, si c'était le roi, une place de valet de chambre du roi... comme Molière.

Merle ne vit pas l'accomplissement de son rêve ; quant à son ami, nous croyons savoir qu'il fut, en effet, chambellan, ou quelque chose de semblable, sous le second Empire.

Malgré ses goûts modestes, Merle se plaisait dans l'atmosphère de bonne compagnie que l'on respirait à la *Quotidienne* et à l'*Union*. Ces journaux avaient conservé les vieilles traditions de politesse et de tenue qui, sans exclure la vivacité et la volonté énergique, contrasteraient aujourd'hui avec le débraillé de certains bureaux de rédaction.

Merle était en termes affectueux avec son rédacteur en chef, M. Michaud, de l'Académie française, auteur de cette *Histoire des Croisades* dont la librairie Furne-Jouvet vient de faire une si splendide édition, avec des illustrations de Gustave Doré. Michaud, le *bonhomme* Michaud, ainsi qu'on l'appelait, ne manquait pas d'*humour*, et ses saillies, comme ses boutades, avaient alors une certaine célébrité. C'était lui qui disait que « la profession d'homme de lettres est la *profession de ceux qui n'en ont pas.* »

La *Quotidienne* guerroyait parfois contre sa rivale la *Gazette de France*, rédigée par M. l'abbé de Genoude, dont le nom était tout simplement Genou, à ce que l'on assurait. Quelqu'un demanda à Michaud si M. de Genoude était noble :

— Je crois bien ! répondit-il ; il l'est *par derrière et par devant !*

A M. Michaud succéda le vénérable M. Laurentie, mort il y a deux ans à peine. M. Laurentie a écrit une *Histoire de France* très-estimée, et il avait été inspecteur général de l'Instruction publique sous la Restauration. Quoique légitimiste convaincu et fervent catholique, il avait un esprit à la fois libéral et conciliant. Il prétendait qu'un gouvernement monarchique, dès qu'il n'était pas contesté, pouvait accorder plus de libertés qu'un gouvernement démocratique ou constitutionnel ; et il affirmait que le cas échéant... Mais nous nous sommes promis de ne pas toucher à la politique.

Il nous faut pourtant parler aussi de M. de Riancey, qui, après avoir été député, dirigea à son tour le journal *l'Union*. Le comte de Riancey était un homme très-doux et très-bienveillant; mais, par son avénement à la direction de ce journal, il se trouva dans une position assez singulière à l'égard des romanciers.

M. de Riancey, comme député à l'Assemblée constituante de 1848, avait fait admettre, dans une loi sur la presse, un article qui frappait d'un timbre spécial et très-coûteux les journaux contenant des romans-feuilletons. On voulait par là, disait-on, arrêter les excès de cette mauvaise littérature, et la loi fut appliquée pendant deux ou trois ans. Certaines feuilles riches, comme le *Siècle*, par exemple, dont les romans avaient fait le succès, payèrent gaillardement l'énorme taxe; mais beaucoup d'autres durent renoncer à leur partie littéraire, et le roman en souffrit.

Or, quand M. de Riancey, rentré dans la vie privée, fut nommé directeur de l'*Union,* on venait d'y organiser un feuilleton littéraire auquel collaboraient certains romanciers en vogue. Le principal fut Balzac, qui donna *le Député d'Arcis.* Mais Balzac, habitué à d'autres formes de publication, ne savait pas toujours se plier aux exigences du feuilleton quotidien. *Le Député d'Arcis* eut un succès tellement négatif, que le journal, bien qu'il eût payé d'avance deux volumes, s'arrêta après le premier, ce qui dut d'autant plus blesser l'auteur qu'il se disait chaud légitimiste.

M. de Riancey se trouvait donc en rapport continuel avec des romanciers, et l'un d'eux ne manquait pas de lui dire en toute occasion :

— Ah! monsieur le comte, quel dommage que vous nous ayez fait timbrer!

Le digne homme s'excusait de son mieux. Ce n'était pas aux romanciers inoffensifs qu'on en voulait, c'était à ce maudit Alexandre Dumas qui faussait l'histoire, qui noircissait le caractère des personnages historiques les plus recommandables, qui corrompait les mœurs, etc., etc. L'autre écoutait en silence, mais il finissait toujours par dire, en secouant la tête :

— Ça ne fait rien, monsieur le comte, c'est à vous que nous devons d'avoir été timbrés.

Ces reproches désolaient M. de Riancey, et comme on les répétait sans cesse, un beau jour, il perdit patience :

— Eh bien! oui, *timbrés !* s'écria-t-il furieux; *timbrés* vous êtes... et *timbrés* vous resterez!

III

Le feuilleton du *Siècle*. — M. Thiers et M. Chambolle. — Le général Cavaignac au *Siècle*. — Une opinion de Théophile Gautier. — Les grands romanciers. — Les scènes *parlées* d'Henry Monnier. — Henry Monnier et Balzac. — Les conversations de deux hommes d'esprit.

Un des faits qui contribuèrent le plus à la vulgarisation du roman en France, fut la fondation du journal le *Siècle*, vers 1836. Pour la première fois, on considérait le roman comme un élément principal de succès. Deux rédacteurs en chef, parfaitement indépendants l'un de l'autre, étaient chargés, l'un de la partie littéraire, l'autre de la partie politique du journal. Cette dualité produisit les meilleurs résultats. Beaucoup de personnes, qui ne partageaient pas les idées politiques du *Siècle*, le lisaient pourtant à cause de ses feuilletons, et il obtint ainsi une popularité immense.

Les conditions de publicité se trouvaient alors tout à fait différentes d'aujourd'hui. Le nombre des journaux parisiens était relativement peu considérable ; chacun d'eux s'offrait comme une tribune d'où l'on se faisait entendre de la France enière, au moins de la France qui savait lire. De nos jours, au contraire, les journaux se sont beaucoup multipliés, même au delà des besoins. Aussi leur action est-elle renfermée dans les limites étroites d'une opinion politique, et l'on peut obtenir dans les colonnes de l'un d'eux le plus éclatant succès, sans que le journal d'à côté en ait le moindre soupçon. Autrefois, on parlait à tout le monde ; aujourd'hui, on ne parle plus qu'aux abonnés ou aux acheteurs de la feuille où l'on écrit. La lutte est donc toujours à recommencer pour les débutants qui veulent parvenir à la réputation, et les difficultés ne feront que s'accroître dans l'avenir.

Depuis cette ère brillante inaugurée par le

Siècle, le succès des romans, sauf quelques ouvrages exceptionnels publiés le plus souvent hors des journaux, n'a cessé de baisser. Peut-être ce déclin a-t-il commencé du jour où le banquier Delamare, alors directeur-propriétaire de la *Patrie*, écrivait à la Société des gens de lettres : « Envoyez-moi des romanciers ; mais gardez-vous bien de m'envoyer des hommes de talent ! Des *faiseurs* me suffiront. » Autrefois, l'auteur imposait la loi ; aujourd'hui, il la subit. Auprès d'un certain public, on réussit, non-seulement *malgré* des défauts, mais *par* des défauts. Le suffrage universel, pris dans son sens absolu, n'est pas une bonne chose en littérature, et mieux vaudrait peut-être le suffrage restreint des gens de goût.

D'autre part, le roman-livre n'a pas passé encore dans les habitudes et les besoins de la bourgeoisie. Tel particulier qui dépensera une somme relativement forte pour une loge de spectacle, ne consentira jamais à débourser trois francs pour acheter un volume. C'est qu'au théâtre, on voit et on est vu ; il y a des lustres resplendissants, des chants, des danses, de la musique. La lecture, au contraire, est un plaisir solitaire et silencieux.

Le théâtre parle aux yeux et aux sens ; le livre ne parle qu'à l'intelligence, et c'est seulement lorsqu'il contient un gros scandale qu'on se décide à le demander. Le scandale, la peinture des turpitudes qui s'accomplissent dans les bas-fonds parisiens sont les principaux attraits du roman actuel ; et, chose singulière ! ce n'est pas la partie gangrenée de la société qui lit de pareils ouvrages ; ce sont surtout de fort honnêtes gens qui, pris d'une curiosité malsaine... Mais arrêtons-nous, car ce sujet nous entraînerait trop loin.

Pour revenir au *Siècle* de ce temps-là, il avait acquis, bien que sa politique ne fût pas très-agressive, une extrême importance aux yeux du Gouvernement. Voici une petite anecdote qui en donnera une idée.

M. Thiers, alors président du conseil, se trouvait au château de Neuilly, où il avait travaillé longuement avec le roi Louis-Philippe. A l'issue de la séance, le roi lui dit :

— Vous devriez, mon cher ministre, rester à dîner avec moi... Après le dîner, nous terminerons la grave affaire qui nous occupe.

— Sire, je remercie Votre Majesté; Mme Thiers m'attend à Paris.

— Eh bien! dit le roi, je vais envoyer prévenir Mme Thiers.

— En vérité, je suis confus... mais j'ai du monde aujourd'hui.

— Vos invités, quels qu'ils soient, comprendront que vous avez été retenu près de moi pour le service de l'État.

— Tenez, Sire, s'il faut l'avouer, j'ai à dîner M. Chambolle, directeur du *Siècle*.

— M. Chambolle! s'écria le roi en changeant de ton; oh! alors, c'est une autre affaire; je ne vous retiens plus.

Et le président du conseil quitta le roi, pour aller dîner place Saint-Georges avec M. Chambolle.

———

Plus tard, après la révolution de 1848, cette déférence des chefs du Gouvernement pour le

Siècle ne se démentit pas, bien que le Gouvernement ne fût plus le même. Le général Cavaignac, alors chef du Pouvoir exécutif, assista plusieurs fois aux soirées que M. Louis Perrée, directeur du *Siècle*, donnait dans son appartement de la rue des Jeûneurs. Il y venait en simple habit noir et sans le moindre appareil.

Un soir, il arriva ainsi incognito, à une heure avancée. L'appartement était plein de monde, et Levassor, du Palais-Royal, chantait une désopilante chansonnette. Le général, sans vouloir être annoncé, traversa l'antichambre et essaya de pénétrer dans le premier salon ; mais plusieurs personnes obstruaient la porte et, tout occupées d'écouter le joyeux bouffe, ne songeaient nullement à se déranger. Il se plaça modestement derrière elles, et attendit.

En ce moment, un rédacteur du journal, qui était aussi en retard, arriva et reconnut le chef du pouvoir exécutif.

— Général, dit-il respectueusement, permettez-moi de vous faire faire place, de prévenir...

— Non, de grâce, dit Cavaignac en se rejetant vivement en arrière ; on rit de si bon cœur !... Je ne veux troubler personne; le morceau va finir dans un instant.

Cavaignac et le nouveau venu se retirèrent dans un coin de l'antichambre, et l'on causa. Le rédacteur faisait partie de la garde nationale, et, quelques jours auparavant, il y avait eu large distribution de croix d'honneur dans la milice citoyenne.

— Comment se sont données les décorations dans votre bataillon ? demanda Cavaignac.

— Général, me permettez-vous de vous parler avec franchise ?

— Certainement.

— Elles ont été données en dépit du sens commun.

— Eh bien ! ç'a été partout ainsi ! dit Cavaignac en riant.

Mais la conversation fut interrompue ; le maître de la maison, averti enfin, venait chercher le général, qui fut acclamé dans les salons.

Le général Cavaignac ne pouvait pourtant pas avoir les mêmes idées que Théophile Gautier sur la Légion d'honneur.

Théophile venait d'être nommé chevalier, et il se promenait tout joyeux et tout fier sur le boulevard, avec un ruban rouge de dimensions exagérées. Un de ses amis l'aborda pour le féliciter. L'auteur de *Mademoiselle de Maupin* lui dit d'un ton goguenard :

— Hein ! c'est joli, la croix, et tu voudrais bien l'avoir aussi !... mais tu es trop maigre.

— Comment ça, trop maigre ?

— Oui ; la croix est « une petite fleur purpurine » qui s'épanouit tout naturellement sur les larges poitrines... Veux-tu l'avoir à ton tour !... Engraisse.

Et il partit. Peut-être l'autre se décida-t-il à engraisser.

Les bureaux du *Siècle*, lors de sa fondation, étaient rue et hôtel Laffitte; mais bientôt ils furent transférés à l'hôtel Colbert, rue du Croissant.

Ce local avait été occupé antérieurement par le *National* de 1830, que dirigeait Armand Carrel. On voyait alors, et on voit peut-être encore aujourd'hui, dans une pièce du premier étage, une toute petite trappe, par laquelle Armand Carrel jetait sa copie aux compositeurs installés à l'entresol. Pour lui, enfermé dans la pièce supérieure, inaccessible à tous, il travaillait avec recueillement. Quand on n'avait plus de copie, on frappait à la trappe; elle s'ouvrait, et le journaliste laissait tomber quelques-unes de ces pages brûlantes qui faisaient trembler la royauté de Juillet.

Souvent aussi, on frappait vainement; Carrel n'avait plus rien à donner.

— Que voulez-vous? demandait-il avec humeur.

— Monsieur, il manque dix lignes pour finir le journal.

— Eh bien! faites tomber une vieille femme d'un sixième étage... et allez au diable!

Puis la trappe se refermait.

Dans ces bureaux de l'hôtel Colbert, on rencontrait à chaque instant des auteurs dont la personnalité est trop connue aujourd'hui pour qu'il soit possible d'en dire quelque chose de nouveau ; aussi nous contenterons-nous de les énumérer, en ne parlant que des morts pour lesquels la postérité a commencé.

En première ligne, venait Alexandre Dumas, auquel le feuilleton du *Siècle* dut particulièrement sa grande réputation littéraire. Néanmoins, le succès ne se dessina pas tout d'abord. Lorsque Dumas donnait certaines nouvelles, comme *Othon l'Archer*, le *Démon familier du sire de Corasse* (tiré de Froissart), etc., etc., le public restait assez froid. Ce fut seulement avec la *Capitaine Paul* que s'ouvrit sa brillante période au *Siècle*. Puis, vinrent le *Chevalier d'Harmental*, et surtout les *Trois Mousquetaires* et les *suites*, qui lui valurent une immense popularité. Malgré le prix élevé qu'on payait sa rédaction (ce prix fut, pour plusieurs ouvrages, de *un franc* la ligne, et souvent la ligne ne contenait que trois ou quatre lettres), Dumas, à cette époque, n'en paraissait pas plus riche. Il y avait, à l'administration du journal, un vieil employé, le père P***, qui était uniquement occupé des affaires litigieuses du romancier. P*** ne savait comment se reconnaître au milieu des oppositions, des jugements, des mainlevées qui lui tombaient de toutes parts, et on l'entendait souvent dire avec désespoir : « Si le journal continue à publier des œuvres de M. Dumas, moi, je f...lanque ma démission ! »

C'était, du reste, l'époque où l'on se demandait volontiers : « De qui est le dernier roman de Dumas ? » Le célèbre romancier avait, comme on sait, des collaborateurs nombreux, et on l'accusait d'apporter aux journaux des ouvrages signés de lui, qu'il n'avait même pas lus. Aussi prenait-on soin, au *Siècle*, de s'assurer si les manuscrits qu'il présentait étaient écrits de sa main ; quand ils étaient d'une main étrangère, on les refusait impitoyablement. Pendant longtemps, cette garantie parut suffisante ; mais, un beau jour, on apprit que Dumas avait un secrétaire qui imitait son écriture d'une manière merveilleuse. On se fâcha, mais on s'arrangea, car, avec ce gros « bon enfant, » on s'arrangeait toujours.

Frédéric Soulié se montrait aussi parfois dans les salons de rédaction. Il dut même, un moment, épouser une parente du directeur ; mais, après réflexion, il annonça que « papa ne voulait » ; il avait alors quarante-cinq ans. Son roman la *Conspiration de La Rouarie* ne reçut pas un très-favorable accueil du public, non plus que *Piquillo Alliaga* de Scribe, qui avait pourtant été payé soixante mille francs à l'auteur. Soulié commençait à s'occuper presque exclusivement de théâtre ; ce fut vers cette époque qu'il fit jouer l'*Ouvrier*, le *Maître d'École*, et surtout la *Closerie des Genêts*, sa meilleure pièce.

Théophile Gautier disait de Balzac que, « quand il savait quelque part une caisse bien garnie, il s'asseyait devant elle comme un chat qui a vu entrer une souris dans un trou, et qui attend qu'elle sorte. » Or, la caisse du *Siècle* étant toujours bien garnie, le grand analyste ne manquait pas d'aller rôder autour. On rencontrait parfois Balzac dans les bureaux, avec son pantalon à pieds, avec sa petite redingote noire, son cache-nez en cachemire rougeâtre et sa fameuse canne, devenue légendaire. Bien qu'à raison de ses innombrables corrections, il payât de ses deniers une et souvent deux compositions de ses ouvrages, il n'était pas moins la terreur des compositeurs du journal, qui le redoutaient comme le bon père P*** redoutait Alexandre Dumas.

En revanche, Eugène Sue, qui donna de même plusieurs romans au *Siècle*, vivait fort à l'écart, et, comme il était assez mauvais ménager de son bien, deux de ses amis, Goubaud (Dinaux) et Pleyel, administraient ses affaires. Il avait des fantaisies très-coûteuses, qui désolaient ses tuteurs bénévoles. Goubaud parlait, avec des larmes dans la voix, d'un certain surtout en argent, ayant coûté cinq mille francs, que Sue avait dessiné lui-même et qu'il avait fait exécuter en secret, malgré ses amis.

Sue était un artiste voluptueux, doublé d'un démocrate. Quelque temps après 1848, il dut quitter la France et se retirer dans la Haute-Savoie, où, tout en travaillant encore, il paraissait triste et découragé. En dépit de son immense talent, la faveur du public s'était détournée de lui. Les bons bourgeois qui avaient admiré avec candeur, dans les *Mystères de Paris* et dans le *Juif-Errant*, certaines théories socialistes, s'étaient effrayés de voir ces théories apparaître sur les barricades, dans les plis du drapeau rouge. Une réaction violente se produisait, et ses anciens admirateurs ne lui pardonnaient pas d'avoir surpris leur bonne foi. Aussi bien, Sue, tout supérieur qu'il était, subissait les conséquences ordinaires du roman politique. La politique et le roman n'ont jamais fait bon ménage : l'une vit de choses positives, l'autre de fictions. Le roman, si remarquable qu'il soit, ne peut rien dans un certain ordre d'idées. Le lecteur est toujours en droit de dire à l'auteur : Vous arrangez au gré de votre imagination les caractères et les événements ; mais qu'est-ce que cela prouve contre des faits et des personnages réels ?

Telles étaient les célébrités du roman à cette époque. Hélas ! toutes ont disparu, et la génération présente dira si elles ont laissé de dignes héritiers. Mais, en ce qui touche le feuilleton du *Siècle*, nous devons mentionner encore, toujours parmi les morts, quelques rédacteurs littéraires (*poetæ minores*).

C'est d'abord Charles de Bernard, le charmant auteur de *Gerfaut*. Il publia au *Siècle* plusieurs de ces nouvelles, pleines d'observation et de bon goût, qui lui valaient la sympathie des gens du monde. Du reste, il produisait peu, malgré l'aisance élégante qui caractérise sa manière. Personnellement, il était d'une douceur qui aliait jusqu'à la timidité; et on assurait que Mme de Bernard, sa femme, poussait la timidité beaucoup plus loin encore. Cette dame ne pouvait traverser un pont, même en voiture, sans épreuver des transes mortelles que le pont ne s'effondrât, et on prétendait que, depuis qu'elle habitait Paris, elle n'avait jamais passé d'une rive à l'autre de la Seine.

Après Charles de Bernard, et dans un genre absolument différent, venait Henry Monnier, à la fois auteur, acteur et dessinateur de talent. Le feuilleton du *Siècle* a inséré de lui les *Nouvelles Scènes populaires*, les *Diseurs de rien*, et même un roman, *l'Ami du Château*, en collaboration avec moi.

Tous ceux qui ont vu de près Henry Monnier savent qu'il y avait en lui deux personnalités distinctes : l'une lourde, emphatique, vulgaire, que représente exactement Joseph Prudhomme; l'autre fine, caustique, mordante, s'ingéniant sans cesse à ridiculiser la première. Dans la vie privée, Monnier était décidément Prudhomme; quand il voulait faire parler son personnage typique, il n'avait qu'à s'écouter lui-même et à sténographier son propre langage.

Aussi, lorsque l'on se trouvait pour la première fois en rapport avec lui, éprouvait-on un véritable désenchantement ; il semblait avoir tous les ridicules dont il se moquait. Mais il ne fallait pas s'y fier; à la moindre occasion, un changement brusque s'opérait ; le malin observateur, l'artiste satirique ricanait tout à coup derrière le masque grotesque de Prudhomme.

Henry Monnier possédait surtout un talent de mimique extraordinaire. Il pouvait, comme on dit, « entrer dans la peau » de ses personnages, et contrefaisait avec une facilité merveilleuse leur accent, leurs gestes, jusqu'à l'expression de leurs traits. L'acteur et auteur anglais Garrick possédait aussi, dit-on, cette étonnante mobilité de visage, et on assure qu'il posa pour le portrait de son ami Fielding, mort quelques années auparavant, devant le peintre Hogarth, qui croyait avoir affaire à un spectre et qui fit de Fielding un portrait très-ressemblant. Tous ceux qui ont vu Henry Monnier, dans sa jeunesse, jouer lui-même sa *Famille improvisée*, comprendront qu'il eût été peut-être capable du même tour de force que Garrick.

Caché derrière un paravent, il produisait des effets vraiment incroyables. Nous l'avons entendu débiter ainsi sa scène du *Voyage en diligence*. Il imitait la voix de vingt personnes différentes, et on eût pu croire qu'il y avait là une foule nombreuse.

C'était d'abord un Anglais voyageur qui demandait, dans son baragouin, à descendre de voiture *« pour ioun tout petit chose. »*

— Bah ! vous descendrez au relais, répondait le postillon.

— Et est-il loin, le relais ?

— Huit lieues ; nous y serons dans quatre petites heures.

La diligence arrivait à la halte. On entendait, au fond d'une écurie voisine, le vieux palefrenier boiteux, pestant d'une voix enrouée et inintelligible contre quelqu'un ou contre quelque chose. Le conducteur échangeait des lazzi avec les gens de l'auberge. Une femme de chambre, venue d'un château voisin, demandait, d'un ton nasillard et monotone, « s'il n'y avait pas un carton à chapeau pour Mme de Fontjobard. » Nul ne songeait à lui répondre, et, bien qu'elle eût répété vingt fois sa question, la voiture repartait sans qu'on sût si la pauvre Mme de Fontjobard aurait son chapeau.

Nous omettons bien des choses, et des meilleures !

Enfin arrivait la catastrophe, le dénouement du drame. La diligence était lancée sur une pente, la mécanique cassait et les chevaux prenaient le mors aux dents. On entendait les lamentations de M. Prudhomme, de l'Anglais, des divers types de voyageurs, dans l'intérieur de la voiture. Puis, *brrrroum!...* Tout se taisait à la fois: la voiture venait de verser.

Le postillon, qui n'avait aucun mal, se penchait sur son porteur et disait avec philosophie :

— En voilà de *la propre* ouvrage !... quelle omelette !

Encore une fois, on peut difficilement s'imaginer la gaieté, les traits piquants et en même temps le réalisme comique de ces scènes dites par Monnier. Nous avons vu, dans un salon, les hommes les plus graves de la politique se tordre de rire en les écoutant, et quand le paravent s'ouvrait pour laisser sortir l'admirable auteur-comédien, on s'étonnait qu'il eût pu résumer en lui seul tous les personnages que l'on venait d'entendre.

Monnier avait ainsi un certain nombre de scènes qu'il n'écrivait pas et qui ne pouvaient être écrites, à cause de leur caractère beaucoup trop rabelaisien. Il les réservait pour les réunions d'hommes et d'amis. Quelques-unes pourtant, sous leur forme crue, se distinguaient par une finesse d'observation, souvent par une portée morale, qui eussent mérité une publicité... restreinte.

On croira sans peine qu'Henry Monnier, avec ces merveilleuses facultés d'observation et de mimique, devait être fort recherché ; aussi recevait-il de nombreuses invitations pour des soirées ou des dîners. Mais, s'il s'apercevait qu'on l'avait invité en qualité d'*amuseur,* il devenait tout à coup très-réservé, ne desserrait plus les dents et profitait de la première occasion pour s'esquiver.

Un soir, il se trouvait ainsi chez des bourgeois et on lui avait fait fête; seulement il ne tarda pas à s'assurer qu'on l'avait prié dans l'unique but de divertir la compagnie. Sitôt qu'il eut cette conviction, il se mit à boire et à manger comme quatre, sans prononcer une parole.

Il ne s'était pas trompé. Au moment où l'on allait quitter la table, le maître de la maison s'approcha avec un gracieux sourire sur les lèvres et dit, en lui présentant un volume des *Scènes populaires :*

—Sans doute, monsieur Monnier, vous voudrez bien nous lire une scène ou deux de votre joli livre?

— Très-volontiers, répondit Monnier avec le

même sourire, mais... vous savez? C'est mille francs par scène.

— J'espérais, balbutia l'autre, que par amitié... et pour égayer l'aimable société...

— C'est mille francs par scène, répéta tranquillement Monnier.

Il posa le volume sur la table et retomba dans son mutisme opiniâtre.

Cela jeta du froid. Néanmoins, au bout d'un moment, quelqu'un proposa de chanter chacun à son tour.

— Oui, oui, dit avec empressement le maître de la maison qui espérait prendre sa revanche ; et M. Monnier va nous chanter quelque chose... ce sera drôle !

— Soit ! dit Monnier.

Alors, de sa voix de Prudhomme la plus grave et la plus lugubre, il entonna une chanson tellement grivoise, tellement impossible, qu'on l'arrêta dès le second vers. Monnier se leva.

— Eh bien ! dit-il d'un air majestueux, puisqu'il

n'y a pas moyen de placer un mot dans la conversation, bonsoir !

Il partit et ne revint jamais.

Balzac appréciait beaucoup Henry Monnier et allait souvent lui faire visite; mais, comme l'auteur d'*Eugénie Grandet* ne jugeait pas à propos de s'astreindre envers tout le monde aux règles étroites de la politesse, il fallait garder qu'une personne inconnue de lui, homme, femme ou enfant, se rencontrât sur son chemin ; il eût marché dessus sans les voir. « Quand il vient chez moi, disait Monnier, et que je me trouve au milieu de ma famille, je jette ma femme dans une chambre à droite, mes enfants dans une chambre à gauche, je referme avec soin les portes, et alors seulement je m'occupe de lui répondre. »

Du reste, Monnier avait contre Balzac un sujet de rancune.

Molière disait, en faisant des emprunts aux auteurs dramatiques qui l'avaient précédé : « Je prends mon bien où je le trouve. » Balzac, à son tour, disait : « Un grand écrivain est le *secrétaire de son siècle;* il peut s'emparer de tout ce qui est à sa convenance chez ses contemporains. » Il était sous-entendu que « le grand écrivain » c'était lui, Balzac, et, en vertu de ce principe, il ne se gêna pas, une fois, pour puiser dans l'escarcelle de son ami.

Parmi les scènes parlées de Monnier, se trouvait une *Histoire de Napoléon racontée dans une veillée*, petit chef-d'œuvre de naïveté militaire. Balzac l'avait entendue, et un beau jour, il vint prier l'artiste de la répéter pour lui seul. Monnier s'y prêta sans défiance, et quelques mois plus tard, ce récit était reproduit, presque mot pour mot, dans un des plus beaux romans de Balzac, *le Médecin de campagne.*

A la vérité, les droits de la propriété littéraire n'étaient pas alors définis aussi nettement qu'aujourd'hui. La preuve en est qu'un vaudevilliste du Palais-Royal s'empara, à son tour, de l'*Histoire de Napoléon*, et Alcide Tousez avait dans la pièce un rôle très-divertissant.

Cette affaire rendit plus rares les relations de l'artiste et du romancier; bien des années plus tard, Monnier en parlait encore avec amertume.

———

Avant de clore ce chapitre, nous voulons esquisser en quelques traits la physionomie d'un spirituel journaliste, Eugène Guinot, qui, pendant de nombreuses années, fut chargé de la *Revue de Paris* dans le feuilleton du *Siècle*. Guinot, quoique très-vif et très-piquant dans ses articles, était de sa personne calme, froid, presque taciturne.

Chaque semaine il apportait sa *Revue* à Louis Desnoyers, rédacteur en chef de la partie littéraire du journal; et Louis Desnoyers, dont nous parlerons plus longuement quand nous raconterons la fondation de la Société des gens de lettres, était lui-même fort spirituel. Ancien rédacteur du *Charivari* et de la *Caricature*, auteur humoristique de

Jean-Paul Choppart et de *Robert-Robert*, il avait la répartie aussi heureuse que prompte. On pouvait donc penser que, quand deux hommes tels que Desnoyers et Guinot se trouvaient en présence, leur conversation devait être très-animée, pleine de saillies.

Or voici ce qui se passait habituellement.

Guinot arrivait à heure fixe et, après avoir échangé avec Desnoyers une poignée de main sans rien dire, il posait son feuilleton sur le bureau. Puis, il s'asseyait en face du rédacteur en chef. Tous les deux se regardaient fixement et toujours dans le plus grand silence, quelquefois pendant cinq ou six minutes. Enfin Guinot se levait, donnait une claque sur la cuisse de Desnoyers, en disant d'un ton amical : *Farceur !*

Et il partait.

Voilà des gens d'esprit qui ne s'exposaient pas à débiter des sottises !

Guinot était, en fait d'exactitude, un journaliste modèle. Jamais sa copie ne fut en retard d'une minute, et il mourut comme il avait vécu.

Il avait quitté le *Siècle* pour entrer au *Constitutionnel* où il faisait encore, chaque semaine, une

Revue de Paris. Un jour, le rédacteur en chef demande à la composition l'article de Guinot.

— Les épreuves ne sont pas revenues encore, répond le prote.

— Comment! Il est midi et Guinot n'a pas rendu ses épreuves!... Ah! il est mort!

On alla aux informations; c'était vrai, Guinot était mort, la plume à la main.

Quel vaillant travailleur de la presse ou de la littérature ne voudrait mourir de cette manière!

IV

Le baron Taylor. — Les dîners mensuels. — Les récits du dessert.
— Les récits du baron. — *Laïs et Sanson*. — *Santorin*.

Nous ne devons pas nous borner à parler des hommes et des choses du passé ; nous voulons faire aussi quelques incursions dans le domaine du présent, car le passé et le présent se tiennent par mille liens, et, le plus souvent, l'un n'est que la conséquence de l'autre.

Un des hommes qui peuvent fournir un précieux trait d'union entre le passé et le présent de la littérature est M. le baron Taylor.

Tout le monde connaît le baron Taylor, que le gouvernement de la République vient de nommer grand-officier de la Légion d'honneur.

Littérateur éminent et profondément érudit, il a été chargé des plus hautes missions artistiques, archéologiques et littéraires. Il est auteur d'un important ouvrage sur *l'Égypte*, et d'un *Voyage pittoresque dans l'ancienne France*, dont les premiers volumes ont été écrits en collaboration avec Charles Nodier. Ce fut lui qui proposa au ministère Martignac de faire venir à Paris le bel obélisque de Louqsor, et qui contribua pour une large part à la réalisation de ce projet. Il a été, pendant plusieurs années, commissaire royal à la Comédie-Française et, malgré de puissantes résistances, il voulut que l'on représentât, sur cette scène privilégiée, les œuvres de la grande école romantique. Il a fait plusieurs voyages en Grèce, en Orient, et Alexandre Dumas a raconté avec beaucoup de charme le *Voyage au Sinaï*, où il s'était fait accompagner par le peintre Dauzats. Il s'est trouvé mêlé parfois aux événements de l'histoire contemporaine ; il a été en rapport avec un grand nombre de personnages illustres. Il peut donc dire mieux qu'un autre :

Du temps passé j'apporte des nouvelles,

et tous ceux qui l'approchent prennent un plaisir infini à écouter cette parole facile, sympathique, éloquente, où abondent les anecdotes curieuses, les traits fins et les hautes pensées.

Mais ce n'est pas seulement par ces qualités éminentes, par ces mérites d'écrivain et de penseur, que le baron Taylor est parvenu à son immense popularité ; c'est encore par l'influence bienfaisante qu'il exerce sur les associations artistiques et littéraires.

Non content de se faire en secret le petit Manteau-Bleu des misères qui s'adressent à lui personnellement, il a mis sa gloire à doter, à enrichir, à rendre prospères, toutes les Sociétés confraternelles dont il est aujourd'hui le président ou le président honoraire. Ces Sociétés, en lui décernant ce titre, n'ont fait qu'essayer d'acquitter une dette de reconnaissance. En voulez-vous la preuve, à l'égard des gens de lettres, par exemple ? Ecoutez ceci :

Il y a bien des années, la Société venait de se fonder et, malgré les sacrifices imposés aux romanciers, qui portaient toutes les charges de l'humble budget, ses finances n'offraient pas un aspect brillant. C'était à peu près l'époque où l'on constatait, dans une assemblée générale des gens de lettres, que la caisse sociale ne contenait que *trente-cinq sous*.

Or, un jour que le comité était assemblé, on annonça que M. le baron Taylor demandait à être introduit « pour une communication. » Quoique personne ne sût la nature de cette communication, le baron fut accueilli avec tout le respect dû à son nom et à sa haute valeur personnelle.

— Messieurs, dit-il avec simplicité en déposant sur le bureau un portefeuille assez volumineux, il a été tiré récemment une loterie (la loterie des *lingots d'or*), dont le produit devait être étranger à la littérature et aux arts. Mais j'ai pensé qu'il valait mieux s'en servir au profit des gens de lettres et des artistes. J'apporte donc la part de la Société des gens de lettres... La voici.

On ouvrit le portefeuille ; il contenait cent billets de mille francs.

Ce n'est pas tout.

Pendant la dernière année du second Empire, le baron Taylor fut nommé sénateur, avec les appointements ordinaires de trente mille francs. Or, savez-vous quel usage il fit de cette somme? Dix mille francs furent versés à la caisse des artistes, dix mille à celle des auteurs dramatiques, et dix mille à celle des gens de lettres, qui ont employé l'argent à une fondation appelée *Fondation Taylor*. — Eh bien ! et lui ? direz-vous. — Lui, ma foi ! il fut sénateur… gratis.

Certains hommes, qui vantent avec tant de fracas les associations charitables et la confraternité, agiraient-ils de même ?

Maintenant que nous savons à quels titres le baron Taylor est un objet de vénération pour tout ce qui tient une plume, un pinceau, ou un instrument de musique, nous allons parler de certaines réunions appelées *Dîners du baron Taylor*.

Ce dîner a été fondé, vers 1867, par l'excellent éditeur Dentu et quelques romanciers, Ponson du Terrail, Étienne Énault, Emmanuel Gonzalès. Alors, comme aujourd'hui, on se réunissait en pique-nique une fois par mois, chez Bejot (maison Désiré Beaurain), et chacun avait la faculté d'amener un ami; mais cette faculté n'existe plus, et, excepté Dentu qui, du reste, est le libraire et l'ami des convives, tous font partie de la Société des gens de lettres.

La réunion, sous la présidence du baron Taylor, avec Paul de Musset pour second président, se compose aujourd'hui de dix-huit ou vingt membres appartenant à la littérature militante. Les jeunes, tels qu'Adolphe Belot, Jules Claretie, Hector Malot, Ferdinand Fabre, s'y rencontrent avec les aînés tels que Camille Doucet (de l'Académie française), Michel Masson et Paul Féval. Puisque nous y sommes, achevons de nommer les membres de la réunion : Altaroche, Clément Caraguel, Étienne Énault, Emmanuel Gonzalès, Constant Guéroult, Frédéric Thomas, Henry Celliez, Pierre Zaccone, Dentu, et enfin l'auteur de ces *anecdotes*. Trois membres sont morts, Amédée Achard, Ponson du Terrail et ce pauvre Boissier qui, admis le *treizième* à la réunion, ne put y assister une seule fois. Deux membres sont absents pour raison de santé, Muller et Alexandre de Lavergne.

A ces dîners mensuels règne la [plus franche cordialité ; une exquise politesse n'empêche ni la gaieté ni les bons mots. Parmi ces écrivains, qui ont des opinions très-nettes et très-arrêtées sur toutes choses, jamais n'a éclaté une discussion aigre, jamais n'a été prononcée une parole blessante. Chaque abeille rentre son aiguillon pour n'offrir que son miel. A la vérité, on est d'une sévérité extraordinaire sur le chapitre des admissions, et elles n'ont lieu qu'à l'unanimité des suffrages. On s'inquiète surtout du caractère particulier, de la sociabilité du candidat. Une seule individualité turbulente et agressive pourrait, en effet, troubler l'harmonie de ces petites assemblées et les rendre bientôt impossibles.

A la suite du dîner, il n'y a pas de *lectures ;* en revanche, les conteurs peuvent se donner carrière et *parler* des anecdotes. C'est ainsi que Paul de Musset a raconté l'histoire des *Trois Vaches noires,* trois dames qu'il avait vues jadis à Venise ; ou bien dans son culte si beau et si touchant pour son frère, l'illustre poëte, il cite d'Alfred des vers inédits, il expose des particularités peu connues de sa vie. Paul Féval a eu de même les honneurs de plusieurs soirées, avec ses *imitations* amusantes d'un ancien directeur de théâtre, et surtout avec une histoire bouffonne qu'il débitait dans une espèce de patois breton. Il s'agissait d'une vieille femme qui avait tué un petit enfant et qui l'avait mangé, « pour éviter les *perpos*, » à ce qu'elle disait. Rien de comique et d'original comme cette jolie bagatelle, et tous ceux qui l'ont entendue ne peuvent y penser sans sourire.

Mais le principal conteur, dans ces agapes fraternelles, est encore le président. Nous savons combien, pendant sa longue carrière, il a vu d'hommes et de choses dignes d'un sérieux intérêt. Au milieu de ses pérégrinations lointaines, lui sont arrivées beaucoup d'aventures qu'il raconte avec autant d'esprit que de grâce. Aussi ne se passe-t-il pas de dîner, sans que les convives le prient d'ouvrir à leur profit le trésor de ses souvenirs, et le vénérable doyen se refuse rarement à ces instances.

Il est entendu avec le baron Taylor que chacun

des romanciers présents écrira un ou plusieurs de ces récits et qu'on formera de l'ensemble un volume, intitulé les *Dîners du baron Taylor*, dont le confrère Dentu sera naturellement l'éditeur. Nous ne savons ce qu'il adviendra de l'œuvre collective, bien que déjà Paul de Musset et Paul Féval aient publié les histoires qui leur étaient échues en partage. Quant à nous, nous allons répéter au lecteur deux histoires, *Laïs et Sanson*, puis *Santorin*, dans lesquelles le baron personnellement a joué un rôle, et qui donneront une idée de ces attrayants souvenirs.

LAIS ET SANSON

Il s'agit d'un bourreau et d'un chanteur ; d'un chanteur célèbre et d'un bourreau fameux.

Le bourreau était Sanson, le chef de sa race, celui qui eut l'horrible devoir de faire tomber, sur la place de la Révolution, la tête du malheureux Louis XVI, celle de la reine Marie-Antoinette, celles des innombrables victimes de 93.

Le chanteur était Laïs, alors premier sujet à l'Opéra, et dont la magnifique voix de baryton pouvait lutter, quoique un peu inculte, avec celle même de Garat. Mais autant Garat, qui devait être plus tard le modèle des *Incroyables,* semblait fat et maniéré, autant Laïs se montrait simple et naturel. Peut-être même avait-il conservé quelque chose de la rudesse montagnarde, car il était né dans un village des Hautes-Pyrénées.

Or, pendant cette terrible année 1793, Sanson et Laïs se trouvaient étroitement liés. Comment avait commencé cette liaison ? Il n'importe guère. Toujours est-il que, non-seulement le chanteur et le bourreau, mais leurs familles vivaient sur le pied de l'intimité.

A cette époque néfaste, Sanson, si ferme et si énergique que fût son âme, ne pouvait pas être d'une humeur bien gaie. Son épouvantable besogne quotidienne brisait ses forces physiques et morales ; il dépérissait, il paraissait de plus en plus sombre.

Laïs s'en aperçut et manifesta des inquiétudes affectueuses.

— Tu vois ce qui se passe, tu sais ce que je fais, citoyen Laïs, lui dit Sanson ; je suis à bout... Pendant le jour, je remplis ma mission impitoyable, et il y a des moments... Le soir, quand je rentre, je n'ai plus d'appétit, plus de sommeil ;

j'ose à peine embrasser mes enfants. La nuit, si je m'endors une heure, j'éprouve d'horribles cauchemars... Des fantômes sans tête me poursuivent; j'entends sans cesse le bruit du couperet qui retombe, les derniers cris des suppliciés. Des fleuves de sang coulent autour de moi, leur odeur fade et repoussante me monte au cerveau... Puis, quand je m'éveille, tout tremblant, le front baigné de sueur, je songe que, le lendemain, il faudra recommencer ma tâche, et la réalité n'est pas moins effroyable que le rêve.

— Que diable, mon pauvre Sanson, tu devrais être habitué à ces choses-là depuis longtemps ! C'est ton métier après tout, et autrefois tu étais plus brave.

— Autrefois on n'avait affaire qu'à des scélérats, perdus de vices et de crimes ; au lieu qu'aujourd'hui...

— Eh bien ! puisque tu ne peux plus y tenir, pourquoi ne donnes-tu pas ta démission ?

— Et, en ce cas, Laïs, dit le bourreau d'une voix sourde, es-tu sûr qu'*ils* ne trouveront pas, parmi mes valets, un homme de bonne volonté pour m'exécuter à mon tour ? *Ils* le trouveront sans aucun doute... comme moi-même j'ai exécuté des personnes qui m'inspiraient pitié et respect.

Laïs réfléchit.

— Tiens, reprit-il, tu as les nerfs fortement ébranlés et je ne vois qu'un moyen de les calmer...

— Quel est-il?

— La musique... Ne hausse pas les épaules, ami Sanson; on dit que David, en jouant de la harpe, apaisait les fureurs de Saül; moi-même j'ai éprouvé souvent combien des sons harmonieux ont une action puissante sur l'esprit et sur le corps... C'est convenu, nous en essaierons... Chaque soir, quand je ne chanterai pas à l'Opéra, je viendrai chez toi et nous arrangerons un petit concert. Tu as un clavecin dans ton salon, et, d'ailleurs, je t'amènerai des instrumentistes... Je t'amènerai aussi mes enfants, qui se divertiront avec les tiens, et leur gaieté contribuera à rasséréner tes pensées. Tu aimes ma voix, je te chanterai les morceaux que tu préfères... Je veux, quand tu te retrouveras seul dans ta chambre, qu'au lieu des visions et des bruits dont tu parlais tout à l'heure, tu n'aies plus devant les yeux que de jolis enfants qui dansent, tu n'aies plus dans les oreilles que de douces mélodies !

— Tu es un véritable Orphée, mon cher Laïs, dit Sanson avec un profond soupir ; mais je doute que tu accomplisses ce miracle !

— Laisse-moi essayer... Tu verras !

Le projet de Laïs se réalisa dès le lendemain ; et, chaque soir, il y eut concert vocal et instrumental, en même temps que bal d'enfants, dans la maison du bourreau de Paris. Garat venait d'être emprisonné comme aristocrate (pour avoir chanté la romance. *Vous qui portez un cœur sensible*, où l'on déplorait les malheurs de la reine), et Laïs, qui était l'idole des *dilettanti* à cette époque, avait un pénible service à l'Opéra. Néanmoins, dès qu'il pouvait s'échapper, soit avant, soit après le spectacle, il accourait chez Sanson. Jusqu'à une heure assez avancée de la nuit, on voyait de grandes lumières derrière les fenêtres ; de joyeux cris, des accords de violon et de flûte s'élevaient dans l'intérieur du logis, et parfois le passant attardé entendait, au milieu du silence, une voix suave qui chantait les airs les plus tendres de l'*Armide* ou de la *Caravane*, alors en vogue.

C'était Laïs, qui s'efforçait de chasser les spectres lugubres dont son ami Sanson était poursuivi.

Cette espèce de médication harmonique eut le meilleur résultat. Comme l'avait prévu le célèbre chanteur, Sanson put surmonter son mortel accablement et exercer, le moment venu, ses terribles fonctions contre ceux mêmes qui lui avaient envoyé tant et de si nobles victimes.

Enfin l'année 93 passa, comme passent les fléaux, et les temps devinrent plus tranquilles. Les rapports entre les familles Sanson et Laïs se continuèrent-ils avec la même intimité? Nous ne saurions l'affirmer; mais il est à présumer que, sans cesser d'une manière complète, ils se refroidirent peu à peu. Les affreuses circonstances qui faisaient de Sanson un personnage en vue, avaient changé, et un artiste, toujours en faveur auprès du public, ne pouvait rester l'ami de l'exécuteur des hautes œuvres. D'ailleurs, Laïs, qui fut attaché à l'Opéra jusqu'en 1821, venait d'être nommé professeur au Conservatoire de musique, ainsi que Garat, et sa nouvelle position lui commandait de la réserve.

Quoi qu'il en soit, nous laisserons passer un intervalle de trente-six ou trente-huit années ; au bout de ce temps, nous ne retrouverons plus ni Laïs ni Sanson, mais nous trouverons leurs enfants. Le fils de Laïs, dépourvu de fortune, était simple choriste à l'Opéra-Comique ; le fils de Sanson, ayant succédé à son père, était bourreau de Paris.

Un jour, Auguste Laïs, humblement vêtu, car ses appointements étaient maigres, se promenait aux environs du Palais de Justice. A cette époque, *la marque* existait encore pour les condamnés aux travaux forcés et, en vertu du jugement des cours d'assises, ces condamnés, après avoir été exposés publiquement, étaient marqués au fer rouge d'un T et d'un F sur le bras gauche, par la main du bourreau. A Paris, c'était dans la grande cour du Palais, appelée cour du Mai ou de l'Horloge, que s'opérait cette flétrissure légale, et les badauds, en grand nombre, ne manquaient pas d'y assister.

Or, il y avait précisément ce jour-là un spectacle de ce genre dans la cour du Palais, et une foule considérable se pressait autour d'un échafaud. Poussé par le désœuvrement, Auguste Laïs s'approcha et se mit à regarder comme les autres.

L'échafaud consistait en une plate-forme, élevée de quelques marches au-dessus du pavé. Au centre, se dressait un poteau, pourvu, à la hauteur convenable, d'un collier de fer dans lequel le condamné, attaché d'autre part avec des chaînes, était retenu par le cou. Au-dessus de la tête de cet homme, un écriteau, en gros caractères, portait son nom et le motif de sa condamnation.

Outre le criminel, on voyait deux personnes sur l'échafaud ; l'exécuteur et son aide. Le temps fixé par le jugement pour l'*exposition* étant écoulé, on procédait à l'opération de la *marque*, et des fers, d'une forme particulière, chauffaient dans un fourneau, déposé au pied de la plate-forme.

Auguste Laïs observait cet appareil avec curiosité ; il s'était glissé à travers les spectateurs et avait gagné le premier rang. Mais bientôt son attention se porta moins sur l'appareil que sur l'exécuteur.

Cet exécuteur était un homme jeune encore, qui, dans sa besogne, apportait une aisance témoignant d'une longue habitude. Laïs le suivait des yeux avec intérêt. Après bien des hésitations, il s'avança au milieu du cercle que des gens de police avaient fait former autour de l'échafaud, et dit à voix haute :

— Louis... Louis Sanson !... Est-ce bien toi ?

Il venait de reconnaître son ami d'enfance, son compagnon de jeux, et n'avait pu se contenir.

Louis Sanson, car c'était lui, se retourna en s'entendant appeler et, à son tour, il reconnut Laïs. Mais il était fort affairé en ce moment, car il venait de relever la manche du criminel et allait chercher les fers rouges pour les appliquer sur l'épaule à flétrir. Il répondit pourtant, avec un sourire amical :

— Tiens ! c'est Auguste Laïs... Ah ! mon cher Auguste, qu'il y a longtemps que nous ne nous sommes vus !

Le choriste avait cédé à un mouvement spontané ; il avait oublié que son ancien camarade était maintenant « le bourreau, » et le bourreau dans l'exercice de ses fonctions. Comme Sanson, en lui souriant toujours, se disposait à descendre de la plate-forme pour prendre les fers, Auguste les saisit par la poignée et les lui présenta, sans songer à ce qu'il faisait.

— Merci ! lui dit Sanson ; eh bien ! mon brave Auguste, ne tarde pas à venir me voir chez moi.

Laïs restait à la même place, en bas de l'échafaud, quand un cri déchirant se fit entendre en même temps qu'une légère vapeur s'élevait dans les airs. C'était Sanson qui venait d'appliquer les fers brûlants sur l'épaule du condamné, et un sourd frémissement des spectateurs répondit à ce cri de souffrance.

Alors seulement Laïs parut avoir conscience de son action machinale. Il regarda autour de lui, et le blâme qu'il lut dans les yeux des assistants lui causa certaines appréhensions. Il se rejeta vivement en arrière et vit la foule s'ouvrir avec horreur, comme si l'on redoutait même le contact de ses vêtements. Aussi se hâta-t-il de s'éloigner, pendant que Sanson achevait sa tâche.

Toutefois, les impressions pénibles que cette aventure lui avait laissées ne tardèrent pas à se dissiper. Il finit même par se persuader qu'il n'avait rien fait que de convenable à l'égard d'un ancien ami retrouvé inopinément, et, le soir venu, il se rendit à l'Opéra-Comique pour remplir son office comme à l'ordinaire.

Figurants, musiciens, artistes des chœurs, étaient déjà réunis en grand nombre dans le foyer et une agitation extrême semblait régner parmi eux. Quand Laïs parut, cette agitation redoubla : on parlait bas avec vivacité, on se montrait le nouveau venu, on se poussait du coude. Il ne donnait pas grande attention à ces démonstrations singulières et allait monter à sa loge pour s'habiller, quand un des choristes se plaça devant lui et dit brusquement :

— Laïs, tu peux retourner d'où tu viens... Ni ces messieurs ni ces dames ne consentiront jamais à figurer avec... LE VALET DU BOURREAU.

Le malheureux devint pâle.

— Mes amis, demanda-t-il, que me voulez-vous ? Que s'est-il passé ?... Je ne comprends pas...

Au milieu du bruit, on lui donna des explications. Le matin, deux autres choristes s'étaient trouvés dans la cour du Palais de Justice, pendant que l'on *marquait* un criminel. Ils avaient vu Laïs causer avec le bourreau et lui apporter les fers rouges pour l'opération de la flétrissure. C'était leur rapport qui avait mis en émoi les chœurs et les artistes de l'orchestre. On avait décidé que Laïs quitterait l'Opéra-Comique, ou que l'on se retirerait en masse et que l'on rendrait ainsi le spectacle impossible.

Le pauvre Auguste était atterré.

— Mesdames... messieurs, s'écriait-il, écoutez-moi... Je vais vous expliquer... Il s'agit d'un ami d'enfance dont j'étais séparé depuis bien des années...

— Enfin, reprit l'orateur de la bande, le fait est-il vrai... oui ou non?

— Je ne saurais le nier ; mais il importe de vous apprendre...

— Vous l'entendez tous ?... Il avoue.

On poussa des huées, des cris d'indignation. Vainement, Auguste Laïs essaya-t-il de dominer le bruit pour se justifier ; les clameurs et l'agitation redoublaient.

— C'est assez ! disait-on ; chassez-le... A la porte ! A la porte !... le valet du bourreau !

Et des mains brutales le saisirent au collet pour le jeter hors du foyer.

Il tenta de résister, et il y eut une petite émeute, dont le bruit s'entendit jusque dans la salle.

Le régisseur accourut et voulut à son tour calmer les exaltés ; mais que pouvait-il contre le personnel à peu près complet du théâtre ? Chanteurs et chanteuses, instrumentistes, figurants, machinistes, réclamaient l'expulsion immédiate du « valet du bourreau. » Or, le temps pressait ; on allait lever la toile ; il fallait que chacun courût à son poste. Le régisseur invita Laïs à s'éloigner afin de couper court au scandale, et le malheureux dut obéir, la mort dans le cœur.

Le lendemain, pourtant, il se rendit à la direction de l'Opéra-Comique pour faire cesser, si la chose était possible, la terrible réprobation soulevée contre lui. Comme nous l'avons dit, il n'avait aucune fortune. A cette époque, les appointements d'un grand chanteur ou d'une grande chanteuse n'étaient pas, comme aujourd'hui, supérieurs à ceux de trois ministres chargés de gouverner la France, et Laïs père était mort sans rien laisser à ses enfants. Cet emploi de choriste était donc l'unique gagne-pain d'Auguste et, en le lui retirant, on le condamnait à la misère.

Le directeur de l'Opéra-Comique avait beaucoup connu le père de Laïs, et il écouta le pauvre garçon avec bienveillance; mais il s'était déjà renseigné sur les désordres de la soirée précédente et ne pouvait aller contre l'animadversion générale. Les esprits étaient tellement montés qu'on avait à craindre de graves conflits si Laïs était maintenu dans son emploi; or, pouvait-on mettre en parallèle l'intérêt d'un choriste avec la désorganisation possible d'une des premières scènes françaises ? On déclara donc à Auguste que sa démission était définitivement acceptée; puis, on le renvoya avec une petite indemnité pécuniaire, en attendant qu'il se fût procuré de nouveaux moyens d'existence.

Alors commença pour lui une longue série de tribulations, de rebuffades, d'humiliations poignantes, dont rien ne saurait donner une idée. Il voulait utiliser son talent de chanteur, ses connaissances en musique, pour entrer dans un orchestre ou dans un théâtre, ou même pour donner des leçons particulières; mais partout il se heurtait contre la froideur et le dédain. Son aventure avait fait du bruit; ce .mot terrible,

« valet du bourreau, » lui fermait tous les cœurs et toutes les portes. Ses amis se détournaient de lui quand il les rencontrait, et personne ne consentit à lui donner assistance.

Après plusieurs années d'épreuves de ce genre, Laïs, épuisé, les vêtements en lambeaux, mourant de faim, finit par s'adresser au baron Taylor qui, dans ce temps-là déjà, était le *refugium* des infortunes artistiques et littéraires. Auguste lui raconta les anciennes relations d'amitié établies entre les familles Laïs et Sanson, les concerts qui avaient eu lieu en 93 dans la maison du bourreau, l'intimité affectueuse qui régnait entre les enfants, et il expliqua son moment d'oubli dans la cour du Palais de Justice, en reconnaissant tout à coup un ancien camarade. Enfin il exposa comment, à la suite de cette funeste aventure, il avait été repoussé impitoyablement de partout et était tombé dans une profonde misère.

Le baron Taylor fut touché de cette infortune et donna à Laïs les secours les plus indispensables. Il le consola, l'encouragea et promit de ne rien négliger pour lui procurer une occupation qui le mît à l'abri du besoin. Cependant il voulut s'assurer d'une manière précise que l'opinion publique se trompait sur le compte du malheureux persécuté. Il écrivit au ministre de la justice, qui attesta que jamais Auguste Laïs n'avait été *employé* de l'administration. D'autre part, Sanson, bien qu'il eût alors résigné sa charge, remit à Laïs le certificat ci-dessous, qui porte un timbre spécial, et que nous transcrivons mot pour mot :

Je soussigné, ancien exécuteur des arrêts criminels, à Paris, sur la demande du sieur Lays, et surtout pour rendre hommage à la vérité, certifie et déclare que le sieur Auguste Lays n'a jamais été à mon service, sous quelque dénomination que ce soit ; que, si ce bruit a couru sur son compte, ce n'a été qu'une calomnie inventée dans le but de lui nuire et indigne d'honnêtes gens. D'ailleurs, les employés qui, sous le nom d'aides, étaient à mon service, recevaient et reçoivent encore leur nomination du ministre de la justice, qui n'a jamais nommé que des individus de famille d'exécuteurs ; c'était une condition indispensable.

J'ai connu Lays il y a près de vingt ans. Mon père, qui vivait alors, fut bien aise de le recevoir comme le fils d'un homme avec lequel il avait eu quelques relations amicales et dont il admirait le talent. Plus tard, Auguste Lays s'est trouvé dans une position gênée. J'ai fait envers lui ce que j'ai fait envers bien d'autres, car je suis chrétien et ne puis croire qu'un acte de charité puisse être nuisible à celui qui en est l'objet.

Quant aux bruits qui ont couru, je donne le démenti le plus formel à qui que ce soit d'en fournir l'ombre d'une preuve ou d'en trouver au ministère de la justice, car mes employés émargeaient les mandats de payement.

Je réitère donc la déclaration que j'ai faite ici, et j'ai délivré ce présent certificat au sieur Lays, pour lui servir ce que de droit.

Sanson.

Fait à Paris ce 24 août 1854.

Malgré ces pièces, d'une authenticité incontestable, le baron trouva encore d'extrêmes difficultés à remplir sa promesse envers le fils du grand artiste. En vain tenta-t-il des démarches auprès de plusieurs associations pour en obtenir des secours. La prévention était tellement forte, tellement enracinée, que Laïs inspirait de l'horreur comme un lépreux. M. Taylor, malgré son crédit, ne pouvait vaincre l'opinion publique, si bien qu'Auguste lui demanda, comme une grande faveur, de le faire recevoir... à l'hôpital de Bicêtre.

Le baron satisfit son désir, et le fils de Laïs, élevé dans le luxe et l'opulence, entra à Bicêtre.

Alors seulement le protecteur put, d'autre part, mener à bien l'œuvre charitable qu'il poursuivait avec tant de zèle. Il réussit à faire admettre Auguste, en qualité de sociétaire, dans l'association des artistes peintres, dont il était président.

C'était une réhabilitation, et Laïs écrivit à son bienfaiteur la lettre touchante que nous copions ici, et qui servira de conclusion à cette histoire.

Paris, 10 février 1855.

Monsieur le baron,

Je viens vous remercier pour tout ce que vous avez fait pour moi ; vous m'avez sauvé l'honneur et la vie.

Pendant plus de six mois, vous avez pourvu à ma nourriture et à mon entretien, et à force de dévouement pour l'honneur de ma famille, vous m'avez réhabilité après vingt années de souffrances.

Tout le monde m'abandonnait et me repoussait ; que Dieu vous conserve ses bénédictions !

Avec respect, votre reconnaissant et très-humble serviteur.

LAYS.

P. S. — S'il y a des taches sur cette lettre, ce sont des larmes que j'ai versées en l'écrivant.

Cette lettre, que nous avons sous les yeux, porte de nombreuses traces de larmes.

Auguste Laïs est mort à Bicêtre.

SANTORIN

Peu de temps après que la célèbre statue la *Vénus de Milo* eut été transportée en France par Dumont d'Urville, le Gouvernement français fut avisé qu'on venait de découvrir dans des fouilles, à Santorin, île voisine de Milo, une statue grecque d'une valeur artistique égale à celle de la Vénus. Le baron Taylor reçut la mission d'aller en Grèce pour acheter cette statue, si elle était vraiment digne de figurer à côté de l'autre chef-d'œuvre, et on mit à sa disposition une corvette de l'Etat, qui le transporta sans délai à Santorin.

Cette île, l'ancienne Théra, l'une des Cyclades, n'est guère qu'un volcan qui, à cette époque, donnait encore des marques d'éruption (reste sans doute de la grande éruption de 1811), car la mer bouillonnait par places autour du navire, et des vapeurs sulfureuses infectaient l'atmosphère. Elle a pour ceinture de très-hautes falaises en basalte noir, que domine le mont central, appelé le Saint-Élie. Entre ces roches volcaniques, s'étendent quelques étroites vallées où l'on cultive la vigne, et le vin est la seule production du pays. Aussi les habitants doivent-ils tirer des îles environnantes, ou même du continent, toutes les provisions nécessaires à leur existence.

On comprend que l'île de Santorin, telle que nous venons de la dépeindre, manquait absolument de charme pour le passager et pour l'équipage de la corvette française. Encore, si la découverte artistique annoncée avait eu une importance réelle, personne n'aurait regretté le voyage. Malheureusement, après examen, il se trouva que la statue, quoique antique, était fort mutilée, fort médiocre, et ne pouvait nullement supporter la comparaison avec la merveilleuse trouvaille de Milo. Aussi, le baron Taylor ne jugea-t-il pas à propos d'en faire l'acquisition, et réserva l'argent de la France pour une occasion meilleure.

Pendant le séjour de la corvette à Santorin, M. Taylor et les officiers du navire visitèrent la ville et ses environs. La ville, construite sur le penchant de ces falaises de basalte dont nous avons parlé, est triste, sombre, d'aspect morne. Ses habitants, anciens pirates pour la plupart et qui, à cette époque, venaient de prendre une part active à la guerre contre les Turcs, avaient une mine peu hospitalière. On rencontrait seulement, dans ses rues montueuses, quelques Grecs en fustanelle blanche, quelques Albanais ou Palikares aux costumes pittoresques, parfois une vieille femme aux haillons éclatants ou bien une jeune fille, coiffée d'un toquet en piécettes d'argent, piécettes qui constituaient toute sa dot. Du reste, cette population avait un air maladif, et les émanations sulfureuses répandues dans l'atmosphère semblaient exercer sur elle une pernicieuse influence.

7

Le baron s'informa si des Français habitaient Santorin.

— Oui, lui répondit-on ; il y a quelques années, six prêtres lazaristes et six sœurs de charité ont été envoyés de Paris pour desservir l'hôpital.

— Fort bien... Je vais donc voir des compatriotes !

— Ah ! monsieur, c'est qu'il faut vous dire... Sur ces six prêtres, cinq sont morts, et le sixième, quoique tout jeune, n'a pas huit jours à vivre.

— Hum ! cela ne prouve pas en faveur de votre climat... Eh bien ! et les religieuses ?

— Même chose que pour les prêtres... Cinq sont mortes, et la sixième, qu'on appelle sœur Eulalie, ne survivra pas longtemps au lazariste.

— Alors je veux voir ce dernier Français et cette dernière Française, qui succombent à leur mission de charité et de dévouement... Où sont-ils ?

— Je vous l'ai dit, à l'hôpital de la ville.

— Merci.

Et le baron se dirigea vers l'hôpital.

C'était un vieil édifice que l'on laissait, comme la plupart des édifices en Grèce, dans un état de délabrement absolu. Les herbes parasites croissaient partout, dans les cours, sur les murs pleins de crevasses, sur les toits aux tuiles cassées. Il paraissait à peu près désert en ce moment ; il y régnait ce lugubre silence des églises abandonnées et des grands sépulcres.

Le baron aborda une espèce de concierge à barbe blanche, et lui demanda, en italien, à voir « le prêtre français ». Une pièce de monnaie ayant stimulé sa complaisance, cet homme conduisit le voyageur, à travers des corridors en ruines et en lui faisant monter des escaliers raboteux, à la cellule du lazariste.

Cette cellule offrait l'aspect le plus pauvre et le plus ascétique. Les murs nus, blanchis à la chaux, n'avaient d'autre ornement qu'un crucifix de bois. Le mobilier consistait en une misérable couchette, un prie-Dieu de planches à peine équarries, et en quelques sièges grossiers. Une petite table, à pieds boiteux, était posée près du lit, et sur cette table on voyait des vases de tisane au milieu de livres de piété. Pas un lambeau de tapis sur le carreau ; pas un rideau au lit et aux fenêtres. Malgré la chaleur du climat, on sentait un froid humide et pénétrant dans cette pièce, dont l'unique attrait était une propreté scrupuleuse.

Le jeune prêtre, vêtu d'une méchante soutane noire, était couché sur son lit. Bien qu'il eût à peine trente ans, il semblait parvenu au dernier degré de la consomption. Il avait des mouvements faibles, languissants, comme douloureux. Sa tête reposait sur un traversin de mousse. Des flots de cheveux noirs, un collier de barbe fine et soyeuse encadraient son visage. Il était d'une pâleur livide, et ses joues étaient cruellement amaigries ; mais ses traits conservaient une admirable pureté de linéaments ainsi qu'une expression de douceur et de tristesse. La vie semblait s'être réfugiée dans ses yeux noirs, profonds, agrandis par une fièvre lente.

Quand le baron entra, le malade venait de laisser échapper un livre, qu'il n'avait plus peut-être la force de soutenir, et qui restait ouvert à son côté ; c'était l'*Imitation de Jésus-Christ*. En revanche, il avait pris un chapelet, dont il faisait glisser silencieusement les grains entre ses doigts.

A la vue d'une personne inconnue, il essaya de se soulever ; ne pouvant y réussir, il fit un signe de tête et prononça un « bonjour » d'une voix à peine distincte.

M. Taylor s'approcha, et, serrant dans ses mains la main moite et brûlante du lazariste, il lui dit d'un ton amical :

— Mon frère, je suis Français comme vous, et je viens, en cette qualité, vous offrir mes bons offices.

Le malade eut un léger sourire en entendant parler sa langue, et invita le baron à s'asseoir. M. Taylor obéit et, en se servant des expressions les plus cordiales, il renouvela ses offres de service.

— Je vous remercie, monsieur, répliqua le jeune prêtre avec un accent mélancolique ; je n'ai besoin de rien, je ne désire rien.

— Vous êtes pourtant fort mal ici, et le climat de cette île n'est pas très-salubre... Du moins, il ne vous convient pas... Voyons ! voulez-vous que je vous ramène en France, où l'air natal vous guérira sans doute? La chose est facile; quelques marins de la corvette vous transporteront à bord, où l'on aura pour vous des soins empressés. Quand nous serons en France, je vous accompagnerai moi-même jusqu'à Paris, et je vous déposerai dans votre maison-mère, où vous vous rétablirez rapidement, je veux le croire... Mon frère, acceptez-vous ?

Cette proposition parut causer au lazariste une sorte d'effroi; cependant il se remit aussitôt et dit d'un ton de gratitude :

— Vous êtes bon, monsieur; mais je ne peux pas, je ne dois pas quitter le poste où m'ont envoyé mes supérieurs. D'ailleurs, il est trop tard... mes instants sont comptés et je vais mourir ici... Ma seule préoccupation doit être de bien mourir !

— Quelle est donc votre maladie ?

Ses paupières aux longs cils s'abaissèrent, et il tarda un moment à répondre.

— Un mal sans remède, répliqua-t-il-enfin.

— Vous manquez des choses les plus nécessaires ; qui vous soigne ?

Ses yeux se rouvrirent brusquement et une ineffable satisfaction se répandit sur son visage :

— C'est sœur Eulalie, répondit-il ; il n'y a plus qu'elle et moi de Français dans cette maison, et, à défaut de médecin, elle montre pour moi le plus admirable dévouement. Si vous saviez comme elle est douce et attentive ! Elle entre rarement ici, mais elle veille sur moi, comme une Providence invisible qui se manifeste seulement par des bienfaits.

— On prétend que sœur Eulalie est très-souffrante elle-même ?

Cette réflexion agita le malade, et une larme roula sur sa joue creuse.

— C'est vrai, dit-il ; nous paraîtrons devant Dieu à peu de jours d'intervalle ; mais elle est une sainte, au lieu que moi...

Il se tut et resta plongé dans une douloureuse méditation. Le baron Taylor se leva et lui demanda la permission de revenir le voir avant le départ de la corvette.

— Oui, oui, revenez, dit le jeune prêtre en essayant de surmonter son accablement ; vous avez une âme compatissante, et vos paroles me font du bien.

En quittant le lazariste, M. Taylor se fit conduire auprès de la religieuse française.

Sœur Eulalie occupait une cellule non moins nue, non moins misérable que celle du jeune prêtre et qui attenait à la salle principale de l'hospice où se trouvaient quelques malades. De là, elle pouvait accourir nuit et jour à l'appel des malheureux dont elle était l'unique garde.

Elle semblait avoir vingt-cinq ou vingt-six ans, et sous la lourde robe de drap gris, sous la coiffe empesée et incommode des sœurs de charité, elle conservait une beauté que sa maigreur et sa pâleur rendaient idéale. Elle était évidemment anémique au dernier degré, et on eût dit que le sang ne circulait plus sous cette peau transparente, d'une blancheur de neige. Néanmoins, un sourire de résignation se jouait fréquemment sur ses lèvres, un sourire de martyre qui faisait mal à ceux qui pouvaient le comprendre.

Le baron Taylor offrit ses services à la religieuse, comme il les avait offerts au lazariste, et lui proposa de la ramener en France à bord de la corvette. Sœur Eulalie l'écouta attentivement, puis son sourire habituel effleura sa bouche gracieuse :

— Et mes malades, dit-elle, que deviendraient-ils ? Ce sont de pauvres païens, et je n'entends pas toujours ce qu'ils me disent ; mais ils me semblent être reconnaissants quand j'ai le bonheur de les soulager... Et puis, je prie, sans qu'ils le sachent, pour le salut de leurs âmes... Je me demande parfois ce qu'on fera d'eux quand Dieu m'aura rappelée à lui, et il me rappellera bientôt, je le sens... Aussi ai-je écrit à notre supérieure générale, à Paris, d'envoyer bien vite des sœurs nouvelles pour remplacer celles qui sont mortes... et celle qui va mourir.

M. Taylor la supplia d'avoir pitié d'elle-même ; il lui remontra qu'elle était toute jeune et que, sans aucun doute, si elle quittait ce climat meurtrier, elle se rétablirait vite. Sœur Eulalie secoua la tête :

— Non, dit-elle ; je veux aller jusqu'au bout...

La vie est-elle si précieuse qu'il faille lui sacrifier le devoir ?

Après une pause, elle reprit, en détournant les yeux :

— Vous avez vu le frère lazariste... je sais que vous l'avez vu... Eh bien ! vous lui avez sans doute adressé la même proposition ; quelle réponse a t-il faite ?

— Comme vous, il a refusé de quitter ce triste pays ; comme vous, il veut y mourir... Mais savez-vous, ma sœur, quelle est sa maladie ?

— Non, monsieur, répondit-elle : un chagrin secret peut-être... Il ne m'appartient pas, il n'appartient à personne de lui demander la cause de ce chagrin.

Le baron allait insister pour décider sœur Eulalie à accepter ses offres, quand on appela de la salle voisine.

— Excusez-moi, monsieur, dit la religieuse, mes malades me réclament ; d'ailleurs, il est temps que je retourne auprès du pauvre frère... Que Dieu vous comble de bénédictions pour votre bonté... Mais laissez ses impénétrables décrets s'accomplir !

Et elle se dirigea, d'un pas léger encore, vers le malade qui l'appelait.

Le baron se retira, navré de ce qu'il venait de voir et d'entendre ; il soupçonnait un mystère douloureux sur lequel il n'osait permettre à sa pensée de s'arrêter. Ce mystère ne tarda pas à lui être révélé.

Deux jours plus tard, la corvette se disposait à repartir pour la France, et M. Taylor songeait à aller prendre congé du lazariste et de la sœur, quand il reçut un message. Le jeune prêtre était à l'extrémité et demandait à voir sans retard le baron, qui s'empressa de se rendre à l'hôpital de Santorin.

Le lazariste était étendu tout habillé sur son lit, comme la première fois. Il n'avait plus, en effet, que peu d'instants à vivre ; cependant, il paraissait encore agité, et, tandis que la mort imprimait son signe sur cette belle figure pâle, les yeux brillaient d'une flamme qui n'avait plus rien de terrestre.

— Merci d'être venu, monsieur, dit-il au baron avec effort ; je ne vous retiendrai pas longtemps.

Il l'invita du geste à s'asseoir auprès du lit.

Après s'être recueilli pendant quelques minutes, il reprit d'une voix douce, suave, pleine d'inflexions touchantes :

— Mon frère, au temps de la primitive Église, quand les chrétiens allaient subir le martyre, ils se confessaient les uns aux autres. Parfois, aujourd'hui encore, les soldats mourants, abandonnés sur le champ de bataille, se donnent mutuellement les consolations dernières et se présentent absous devant le souverain juge... Vous êtes le seul chrétien, le seul Français que je connaisse dans ce pays... Je sais que vous êtes un homme juste et bon... Voulez-vous me permettre, au moment où je vais quitter ce monde, de me confesser à vous ?

M. Taylor se pencha affectueusement vers le moribond.

— Je vous écoute, répliqua-t-il avec sympathie et respect.

Le lazariste reprit, après un nouveau silence :

— Vous m'avez demandé quelle est la maladie

à laquelle je succombe... Jamais ce secret n'est sorti de mes lèvres, et c'est seulement en ce moment solennel que je vais le dire à mon confesseur. Après la mort de mes frères religieux, je me suis trouvé dans cet affreux coin de terre, seul en présence de cette bonne et sainte sœur Eulalie... En dépit de mes luttes intérieures, en dépit de mes prières, un amour... profane... s'est glissé dans mon cœur et y a jeté des racines profondes... C'est de cet amour que je meurs !

— Pauvre jeune homme!... Et sœur Eulalie le sait-elle ?

— Non... Pas un mot, pas un geste de ma part n'a dénoncé ce sentiment coupable. Le vœu de chasteté que j'ai fait au pied des autels n'a jamais été violé... J'ai contenu en moi les tempêtes de la douleur ; rien n'a pu les trahir au-dehors... Mais, dans la lutte, mon âme s'est brisée et je suis écrasé sous mon fardeau... A présent, mon frère, pourrez-vous me pardonner et m'absoudre ?

Le baron le serra dans ses bras.

— Si je vous pardonne ! si je vous absous, mon frère ! Pour qui donc seraient les palmes célestes, sinon pour les martyrs du devoir, pour ceux qui ont vaillamment combattu comme vous ?... Mourez en paix... Dieu est juste et clément; il vous pardonnera, il vous absoudra comme je vous pardonne et vous absous !

Il employa les paroles les plus persuasives et les plus caressantes pour rassurer cette conscience timorée, pour relever cet esprit abattu.

Le mourant l'écoutait avec une sorte de ravissement.

— Mon frère, reprit-il d'une voix à peine intelligible, vous me réconciliez avec le ciel et avec moi-même... Soyez béni ! Je vous dois la douceur de cet instant.

Sa respiration devenait courte et haletante. Il demeurait silencieux. Enfin, il reprit, en s'arrêtant à chaque mot :

— Adieu, mon frère... Adieu, mon dernier ami !

— N'avez-vous, demanda le baron, aucune recommandation à me faire ? N'avez-vous aucune mission suprême à me confier ?

Le lazariste se tut encore. Peut-être la force lui manquait-elle pour répondre.

— Eh bien ! murmura-t-il, vous lui direz, à

elle... Mais non, non, ajouta-t-il aussitôt avec une vigueur subite, ne lui dites rien... rien... rien !

Sa voix s'éteignit dans un soupir. Cet effort avait rompu les attaches de la vie, et l'âme s'était envolée.

M. Taylor pressa encore une fois la main qui reposait inerte sur le drap, et, les yeux pleins de larmes, il sortit pour annoncer dans la maison cette mort édifiante.

Au bout de la galerie qui conduisait à la salle de l'hôpital, il aperçut une femme prosternée sur le sol. Elle se trouvait beaucoup trop loin pour avoir entendu ce qui venait de se passer dans la cellule, et quand le baron s'approcha, elle se redressa vivement. C'était sœur Eulalie, dont la figure blanche se détachait dans l'ombre du corridor. Elle ne prononça pas un mot, mais elle interrogea du regard.

— Ma sœur, dit le baron, tout est fini... Priez pour son âme !

Elle chancela comme si elle allait s'évanouir ; mais elle se ranima tout à coup ; son œil brilla, et un imperceptible coloris apparut sur ses joues de marbre :

— Moi ! prier pour lui ! s'écria-t-elle d'un ton d'exaltation qui contrastait avec sa sérénité habituelle, non, non, monsieur, il n'a pas besoin de mes prières !... C'est lui, plutôt, qui doit prier pour moi, car, à présent, il est un ange auprès de Dieu !... Mon frère, mon frère, ajouta-t-elle en élevant les bras vers le ciel, il n'y a plus de secret pour vous, maintenant... Invoquez en ma faveur la miséricorde divine !

Le baron la regardait, au comble de la surprise.

— Ainsi donc, pauvre sœur Eulalie, demanda-t-il, vous aussi vous aimiez...

— Ah ! je peux tout dire, s'écria la religieuse avec un enthousiasme mystique, je peux tout dire à cette heure que j'aime un bienheureux... Nos amours sur la terre eussent été coupables et sacriléges ! Là-haut, elles seront saintes, elles seront éternelles... Nos âmes, devenues sœurs, goûteront les félicités divines... Seigneur, rappelez-moi bien vite à vous !

Elle se tut, comme absorbée par une contemplation intérieure. Bientôt, revenant au sentiment de la réalité, elle reprit d'un ton calme :

— J'ai encore des devoirs à remplir envers lui... Excusez-moi, monsieur.

Elle se dirigea, suivie du baron, vers la cellule du lazariste. Après s'être agenouillée quelques secondes devant le lit, elle ferma les yeux du mort qui, dans son paisible repos, semblait lui sourire ; puis elle donna au corps une disposition convenable et couvrit le visage d'un drap. Ayant fait ces arrangements avec la dextérité due à l'habitude, elle alla chercher le crucifix, qu'elle déposa sur la poitrine du défunt, et alluma un cierge.

Pas une larme ne coulait sur son visage, tandis qu'elle s'occupait de cette tâche ; on eût dit qu'il s'agissait pour elle d'un inconnu ou d'un indifférent. Enfin, elle parut se souvenir du baron, qui la regardait avec un mélange d'étonnement, d'admiration et de respect.

— Monsieur, reprit-elle, vous avec témoigné beaucoup d'intérêt au pauvre frère, et vous lui avez apporté de grandes consolations... L'enterrement aura lieu demain, n'y assisterez-vous pas?

— Je le voudrais, ma sœur, répliqua M. Taylor, qui se disposait à se retirer ; malheureusement la corvette met à la voile ce soir.

— Alors je serai seule pour accompagner *sa* dépouille mortelle... Et moi, quand mon jour... prochain... sera venu, je n'aurai pas même un chrétien qui accompagnera la mienne... N'importe! ajouta-t-elle avec un sourire, ne nous plaignez pas; Dieu, là-haut, *nous* rendra en béatitudes tout ce que nous avons souffert dans cette vallée de douleurs!

Le baron était profondément ému. Avant de quitter sœur Eulalie, il demanda de nouveau si elle n'avait pas quelque vœu à exprimer, si elle n'avait pas à le charger de quelque message pour la France.

— Non, répondit-elle avec un détachement souverain de toutes les choses terrestres; je n'ai plus qu'à souhaiter que le Seigneur abrége mon temps d'épreuves, et je sais qu'il exaucera mon souhait!

Le soir, la corvette quitta Santorin.

Rentré à Paris, le baron apprit, par une lettre du consul général de Grèce, que sœur Eulalie était morte moins de huit jours après le frère lazariste. Ces deux victimes d'un amour innocent furent enterrées l'une à côté de l'autre Ce n'était pas préméditation; mais le cimetière chrétien, sur cette roche volcanique, était si petit !

V

La Fondation de la Société des Gens de lettres. — Louis Desnoyers et les premiers adhérents. — Respect aux aînés ! — Histoire d'une Nouvelle. — *La Mésange bleue*.

La propriété littéraire n'a pas toujours été définie et reconnue comme elle l'est aujourd'hui. A une époque, peu éloignée de nous, en France, et même à Paris, on traitait les conceptions de l'esprit avec le sans-façon encore usité parmi les corsaires espagnols, allemands, hollandais, américains, qui, malgré les traités internationaux, continuent leur piraterie au détriment des écrivains français. Non-seulement les journalistes et certains libraires reproduisaient les romans à leur convenance, sans payer aucune rétribution à l'auteur, mais le plus souvent ils supprimaient son nom et signaient son ouvrage d'un nom nouveau. Nous ferons comprendre un peu plus loin, par un exemple, à quel point de sans-gêne on en était venu envers les romanciers.

La Société des gens de lettres se fonda pour remédier à ces abus.

Non pas qu'alors, comme de nos jours, il ne se trouvât des esprits, soi-disant libéraux, pour affirmer que la propriété littéraire « n'est pas une propriété. » Selon eux, l'auteur puise toujours ses idées et ses inspirations dans un fonds commun, appartenant à tous les peuples et à toutes les langues ; par conséquent, il ne saurait s'attribuer la possession exclusive de son travail. D'après cette belle théorie-là, l'œuvre du talent ou du génie ne devrait servir qu'à enrichir des intermédiaires, et l'auteur devrait se contenter d'avoir travaillé pour la gloire ; s'il n'avait pas de fortune personnelle, il serait en droit de mourir glorieusement de faim..
Ainsi, Victor Hugo a pris ses splendides poésies

« dans le fonds commun, » et George Sand aurait dû offrir en cadeau sa *Petite Fadette* ou sa *Mrac au diable* à M. Buloz.

Cependant, à l'époque dont nous parlons, c'est-à-dire vers 1837, les auteurs français supportaient impatiemment la spoliation permanente dont ils étaient victimes. Les journaux premiers-publicateurs commençaient à s'apercevoir qu'ils jouaient un rôle de dupes, en payant parfois très-cher une rédaction dont un autre journal s'emparait gratuitement le lendemain. Il fallait donc chercher une combinaison qui donnât satisfaction aux exigences de la publicité et à l'intérêt des auteurs.

Ce fut cette combinaison que trouva Louis Desnoyers, rédacteur en chef de la partie littéraire du *Siècle*. Il imagina d'associer un grand nombre de gens de lettres et de constituer un syndicat chargé de défendre leurs intérêts en ce qui touche la reproduction. Moyennant une rétribution annuelle, payée à l'agent ou au délégué pour être répartie ensuite entre les auteurs reproduits, un journal devait pouvoir puiser librement dans certaines œuvres des membres de la Société;

toute reproduction, en dehors de ce pacte réciproque, serait poursuivie comme illicite.

Tel a été le véritable principe de cette fondation ; dans la pensée de ceux qui y ont pris part, on voulait faire surtout une Société de *reproduction*, et ce ne fut que subsidiairement qu'on fit une Société de secours mutuels et de prévoyance. Il s'agissait de combattre une injustice ; on visa d'abord cette injustice et le reste vint ensuite.

Louis Desnoyers, après avoir longuement mûri son projet, convoqua, dans son cabinet de la rue de Navarin, une douzaine d'hommes de lettres, presque tous rédacteurs littéraires au *Siècle*, dont voici les noms : Eugène Guinot, Charles de Bernard, Emmanuel Gonzalès, Alexandre de Lavergne, Hippolyte Lucas, Louis Viardot, Emile Pagès, André Delrieu, Théodore Leclercq, Marco de Saint-Hilaire, Louis Reybaud, Altaroche, et enfin le signataire de cette notice. Il exposa les agissements de plusieurs journaux, de plusieurs éditeurs, et proposa les moyens d'y remédier ; on applaudit des deux mains et chacun promit son concours pour la réalisation du projet.

Très-peu de temps après, il y eut une seconde

réunion chez M. Pommier, ancien avoué, et agent futur de la Société en création. Cette réunion, beaucoup plus nombreuse que l'autre, se composait de plus de vingt-cinq personnes. Outre les auteurs que nous venons de nommer, Frédéric Soulié, Balzac, Eugène Sue, Auguste Barbier, et je crois aussi Victor Hugo, s'y trouvèrent. On approuva de nouveau le projet de Desnoyers, et on convint de passer immédiatement à l'exécution.

Il fallait d'abord dresser un acte de société par-devant notaire, se procurer un local pour les assemblées, le meubler, constituer un personnel administratif. Il fallait surtout entamer de nombreux procès avec les journaux récalcitrants, dont plusieurs narguaient avec insolence l'association naissante. On avait donc besoin d'avances relativement considérables.

Ces avances, nul ne pouvait ou ne voulait les faire. M. Pommier s'en chargea, à la condition qu'il en prélèverait le remboursement sur les premiers bénéfices de la reproduction; de plus, on le reconnaissait pour toujours comme *agent central* de la Société, avec faculté de céder sa charge, moyennant finances, à un successeur qui devrait être agréé par l'assemblée générale.

Ces dispositions prises, on se mit résolument à l'œuvre. Balzac se rendit à Rouen pour plaider en personne contre le *Journal de Rouen*, qui avait reproduit sans autorisation *le Capitaine bleu*, par Francis Wey, les *Briseurs d'images*, par Emmanuel Gonzalès, les *Contrebandiers de Penmarck*, par Félix Deriège. Le *Journal de Rouen* fut condamné à des dommages-intérêts très-élevés. On obtint aussi condamnation contre beaucoup d'autres journaux, et la jurisprudence, incertaine jusque-là sur divers principes de propriété littéraire, se fixa d'une manière définitive. Le droit des auteurs étant devenu incontestable, les feuilles pillardes comprirent qu'il fallait désormais compter avec eux.

Ce n'était pas tout; maintenant que la Société existait, il importait qu'elle se donnât une constitution, autrement dit, qu'elle discutât les *statuts* destinés à la régir. Louis Desnoyers, qui, dans l'affaire de cette fondation, eut toutes les initiatives, avait rédigé, avec le concours de personnes compétentes, un projet de statuts, qui fut discuté en assemblée générale pendant plusieurs séances. Ces assemblées eurent lieu dans les salons de Lemardelay. Elles furent présidées par Victor Hugo, Villemain, Salvandy, François Arago, Viennet. Les hommes les plus distingués de la littérature prirent part à la discussion. Balzac y parla souvent, quelquefois avec une véritable éloquence; mais des opinions un peu excentriques, qu'il exprima en diverses circonstances, lui ayant attiré de vives ripostes, il s'éloigna peu à peu de la Société.

Les statuts ayant été adoptés avec quelques modifications, on nomma « un comité » ou commission permanente, chargé de se tenir en rapport avec l'agent et de diriger les affaires sociales ; puis, le mécanisme si laborieusement établi commença de fonctionner.

Ces commencements furent difficiles et surtout très-onéreux pour les romanciers dont les œuvres étaient reproduites. Nous savons que l'agent central, M. Pommier, avait avancé des sommes assez fortes, tant pour les frais de procédure que pour l'achat du mobilier et les installations diverses. Toutes les recettes étaient affectées à l'amortissement de cette dette. Pendant plusieurs années, les auteurs ne touchèrent *pas un centime* du produit de leur reproduction ; puis, pendant une seconde période de plusieurs années encore, la Société préleva un droit de *soixante pour cent*, c'est-à-dire de plus de moitié, sur toutes les sommes qui leur revenaient. Or, si l'on songe que, pour certains d'entre eux, ces produits de la reproduction pouvaient être évalués à plusieurs milliers de francs par année, on comprendra les sacrifices énormes qu'ils eurent à supporter.

La prospérité matérielle de la Société demeura donc longtemps douteuse. Des embarras se manifestèrent, et la caisse obérée ne pouvait donner satisfaction à de légitimes exigences.

Vers cette époque se produisit, au sujet de George Sand, un fait malheureux, que nous allons raconter sans commentaires.

D'après leurs traités avec la Société, les journaux étaient en droit de reproduire toute nouvelle ayant moins de *cent mille lettres*, même sans la permission de l'auteur.

En vertu de cette clause, l'*Écho des feuilletons*, alors dirigé par M. Dufour, se crut autorisé à reproduire la *Mare au Diable* de George Sand.

Ce recueil était dans son tort, car la *Mare au Diable* excédait de quelques centaines de lettres, les cent mille fixées par le traité. Aussi George Sand fit-elle à la Société un procès qu'elle gagna, et les gens de lettres furent condamnés à lui payer trois mille francs de dommages-intérêts.

Ces trois mille francs, hélas! on ne les avait pas. Cependant les poursuites continuèrent au nom de George Sand; le jugement fut signifié, et, deux jours plus tard, on allait saisir le mobilier des bureaux.

Un pauvre mobilier et qui, certes, n'eût pas produit cent écus à la vente! mais c'était le seul bien de la Société Que faire?

On recourut au baron Taylor. L'agent central l'alla trouver, lui exposa à quelle cruelle extrémité on en était réduit, et il revint avec trois mille francs, qui furent envoyés sans retard aux hommes d'affaires de George Sand.

Du reste, cette première libéralité parut mettre en goût l'excellent baron. Quelque temps après, il apporta au comité, comme nous l'avons dit précédemment, les cent mille francs provenant d'une loterie. Un peu plus tard, la Société recueillit le fonds de Petit-Bourg et divers autres dons pécuniaires. Elle eut ainsi une petite fortune, qu'elle s'efforça d'augmenter par tous les moyens honorables, et les allocations annuelles du Gouvernement lui permettent aujourd'hui de faire beaucoup de bien, en secourant des misères dignes de pitié et de respect.

Mais déjà, durant cette première période de son existence, un changement important s'était produit dans l'administration. M. Pommier, l'agent central, ayant cédé sa charge, comme l'y autorisaient les statuts, des difficultés s'élevèrent à la suite desquelles on supprima l'agence On décida que la Société se gouvernerait elle-même par un comité de vingt-quatre membres et par un délégué pris dans son sein. Bientôt cette organisation, reconnue la meilleure, devint définitive. Le premier délégué fut Michel Masson, qui, à son mérite littéraire, joint un esprit si pratique et si sûr. Depuis un certain nombre d'années, le délégué est Emmanuel Gonzalès, romancier spirituel et populaire, qui, par son habileté administrative, l'aménité de ses rapports contribue à la prospérité présente de cette association, dont il est, comme nous l'avons vu, un des fondateurs.

Telle a été l'origine d'une institution qui a rendu et rendra encore tant de services à la littérature. Autrefois, l'homme de lettres était isolé, exposé à des exploitations qu'il supportait par faiblesse ou par insouciance. Aujourd'hui, il trouve dans la solidarité une force très-grande, et si la Société sait éviter certains dangers, tels, par exemple, qu'une facilité excessive dans les admissions et l'introduction de la politique dans ses conseils, elle deviendra promptement une véritable puissance.

L'auteur de cette notice est fier d'avoir pris une humble part à la fondation de la Société des gens de lettres, et il avait, pour exciter son zèle, le souvenir d'un fait personnel, qu'il demande la permission de raconter ici.

Au temps où Louis Desnoyers méditait la création dont on apprécie de plus en plus les avantages, j'étais fort jeune, et j'avais publié, dans le journal *Paris-Élégant*, une nouvelle intitulée : *La Mésange bleue*. Cette nouvelle était très-courte et sans importance ; mais j'avais la faiblesse d'y tenir, comme on tient à une première œuvre, et je l'avais bravement signée de mon nom.

J'allais alors dîner chaque semaine chez de vieux parents que j'aimais beaucoup. C'étaient de bonnes gens, vivant à l'écart de toutes choses et ne connaissant guère les événements extérieurs que par un journal, l'*Estafette*, qu'ils recevaient chaque matin.

Un jour, j'arrivai à l'heure ordinaire, et ma parente me dit avec empressement :

— Je vous ai réservé le journal d'hier : il y a une petite histoire qui m'a fait pleurer. Vous qui avez l'intention de composer des romans, vous devriez imiter ces choses-là... Tenez, voici le journal... Lisez haut, si vous le voulez bien, car j'entendrai avec plaisir cette histoire une seconde fois.

J'étais un peu jaloux du succès de cet auteur inconnu qui avait fait pleurer la bonne vieille dame ; néanmoins, je pris le numéro de l'*Estafette*, et je me mis en devoir de lire Que l'on juge de mon étonnement et de ma joie ! « L'histoire » en question était intitulée la *Mésange bleue*, et un coup d'œil me suffit pour reconnaître mon ouvrage.

— Mais, madame, m'écriai-je, cette nouvelle est de moi !

Je m'attendais à des félicitations, à des éloges ; loin de là, on me répondit, en pinçant les lèvres et avec une certaine aigreur, que c'était mal de m'attribuer ainsi le travail d'un autre ; que j'étais jeune et que j'avais le temps d'obtenir des succès par moi-même, sans revendiquer ceux qui ne m'appartenaient pas. Piqué à mon tour, je retournai précipitamment le journal pour chercher ma signature ; mais, mon nom n'étant pas connu encore, on l'avait supprimé ; bien plus, le rédacteur de l'*Estafette* avait jugé à propos de signer la nouvelle de certaines initiales qui ne ressemblaient en rien aux miennes.

Je protestai avec énergie ; je pris à témoin les dieux et les hommes contre les indignes procédés de l'*Estafette ;* j'eus la douleur de voir que la digne dame et son mari ne croyaient pas un mot de mes chaleureuses affirmations. On ne répondait plus, on détournait la tête. Poussé à bout, je m'écriai :

— Eh bien ! je vous prie de retarder un peu l'heure du dîner ; je cours chez moi, et dans quelques instants je vous apporterai la preuve de ce que j'avance.

On me laissa faire, mais les deux vieux époux échangèrent un regard malin qui voulait dire :

— Voyons comment il se tirera de là !

Je sautai dans une voiture, et je promis un bon pourboire au cocher. Au bout d'une demi-heure, je revenais chez mes incrédules parents, et je leur présentais le numéro du *Paris-Élégant* qui contenait la *Mésange bleue* avec ma signature en toutes lettres.

Cette fois, on me fit des excuses, on me complimenta, on me choya, et on finit par crier plus fort que moi-même contre les agissements de l'*Estafette.*

Que serait-il arrivé pourtant si je ne m'étais trouvé en mesure de prouver la sincérité de mes assertions ? Et même, si j'avais tardé quelques jours à fournir cette preuve, ces bonnes gens, fort étrangers aux choses de la librairie et du journalisme, n'auraient-ils pas cru que j'avais trouvé moyen, dans l'intervalle, de faire imprimer mon nom au bas d'un morceau dont je n'étais pas l'auteur ? Une pareille croyance n'eût-elle pas été capable de m'aliéner, pour toujours peut-être, leur estime et leur affection ?

Voilà, entre autres abus de ce genre dont j'ai été victime à cette époque, celui qui me prouva la nécessité d'une Société de gens de lettres. Peut-être accordais-je trop d'importance à une bagatelle ; afin que le lecteur puisse en juger, nous allons mettre sous ses yeux la pièce en litige.

LA MÉSANGE BLEUE

Pendant une belle journée de l'hiver dernier, je me promenais au Jardin des Plantes. La neige couvrait la terre ; les arbres avec leur tête poudrée semblaient de petits-maîtres de la Régence. Peu de promeneurs se montraient dans les vastes allées ; le soleil terne, qui perçait avec peine un voile de vapeurs, ne réchauffait pas la nature silencieuse.

J'errais au hasard dans un des endroits les plus écartés du jardin, quand une jolie scène attira mon attention. Un jeune garçon de douze à treize ans, élégamment mis et en grand deuil, avait balayé la neige sur un petit espace et s'amusait à jeter du pain aux oiseaux du voisinage. Un vieux domestique en livrée semblait veiller sur lui et portait le manteau que l'enfant avait quitté pour ne pas effrayer ses protégés.

Beaucoup de charmants oiseaux étaient venus à ce festin. Les moineaux, si familiers et si gourmands, se disputaient les plus gros morceaux avec un ramage continuel; des rouges-gorges descendaient timidement du sommet des marronniers pour prendre part à la fête ; les mésanges arrivaient les unes après les autres et emportaient dans les buissons les plus solitaires la miette de pain qu'elles avaient ravie en passant ; et toute ces gracieuses petites bêtes chantaient, pepiaient, rossignolaient à plaisir, comme pour remercier leur bienfaiteur.

L'enfant regardait avec une expression de joie ces délicieux ébats des oisillons ; il suivait de l'œil ceux qui paraissaient les plus faibles et qui restaient à l'écart; il leur jetait la nourriture sans les effaroucher et souriait quand ils avaient pu la soustraire à la voracité des plus forts et des plus hardis.

Je m'approchai, à mon tour, et je partagea aux affamés un gâteau que je venais d'acheter.

L'enfant me remercia par un regard amical.

— Les malheureuses créatures, me dit-il, ne trouvent pas leur nourriture sur cette terre couverte de neige; il faut avoir pitié d'elles.

— Vous aimez donc bien les oiseaux? lui demandai-je.

— Oh! oui, répondit-il en détournant les yeux comme pour cacher une larme, surtout les mésanges.

Je compris qu'il y avait dans cette affliction quelque douloureuse histoire; je n'osais interroger davantage. Néanmoins, il me semblait intéressant de pénétrer ce secret d'un jeune garçon chez qui je trouvais tant de candeur et de poésie. Je ne vous dirai pas par quels moyens je réussis à exciter sa confiance et comment je l'amenai à me faire ce récit, que je désirais sans oser le demander; mais, après avoir consulté tout bas le domestique qui semblait lui servir de mentor, il me dit d'une voix douce et mélancolique, pendant que nous nous promenions à pas lents dans une allée déserte :

— Oui, monsieur, j'aime les jolis oiseaux des champs, car ils me rappellent de bien tendres et bien chers souvenirs.... Je les aime, non pas comme d'autres, en les emprisonnant dans une cage, en les privant de l'air et de la liberté dont ils jouissent par la volonté de Dieu, mais en protégeant ces frêles existences, qui ne nuisent à personne et qui sont un charme pour tous.

Ces paroles, si simples et pourtant si sages, m'étonnèrent de la part d'un enfant. Mais il est une précocité que donne la douleur, et sans doute elle n'avait pas manqué à mon jeune ami. Il reprit avec un soupir :

— J'avais une sœur, moins âgée que moi d'une année, qui pensait de même. Chère petite Nina ! Elle souffrait de voir souffrir le papillon que j'avais surpris sur une fleur ! Elle était si douce, si bonne, si craintive !... Chère petite Nina !

Je jetai les yeux sur les vêtements noirs de l'enfant et je compris pourquoi il pleurait.

— L'été dernier, continua-t-il après un moment de silence, j'étais à la campagne avec Nina. Un jour, nous nous promenions dans le parc et nous jouions tout à l'aise, quand le cri rauque d'un épervier se fit entendre derrière un buisson. Nina eut peur et voulut s'enfuir, mais je la retins et nous nous approchâmes du buisson pour en chasser le vilain oiseau de proie, qui s'envola lourdement avec ses grandes ailes. Des plumes fines et déliées volaient çà et là; nous écartâmes les branches d'un coudrier et nous vîmes un pauvre nid que l'épervier avait saccagé. Un seul des oisillons était encore vivant, au milieu des restes sanglants de ses frères; il poussait des cris de désespoir comme pour nous appeler à son secours. La mère avait péri, sans doute en défendant sa nichée; il ne restait que celui-là, le plus chétif de tous, qui eût été épargné.

Nina le prit délicatement dans sa main.

— Pauvre petit! dit-elle, il n'a plus ni sa mère, ni ses frères, et peut-être le méchant épervier va-t-il revenir!... Si nous l'abandonnons, il mourra de faim ou sera dévoré.

— Eh bien! dis-je, il faut le garder; quand il sera devenu fort et quand il pourra chercher sa nourriture, nous lui rendrons la liberté.

Nina fut bien joyeuse et apporta l'oiseau à la

maison. Elle lui fit un nid de coton blanc, et tous les deux nous en eûmes le plus grand soin.

Bientôt notre favori prit de l'accroissement. Au lieu de la petite créature nue et souffreteuse que nous avions recueillie, nous eûmes une jolie mésange, vive et sémillante, avec des ailes bleues, un ventre jaune citron et une huppe azurée qu'elle relevait fièrement dans ses mouvements de joie ou de colère. Elle voltigeait par la chambre, sautant et pepiant sans cesse ; elle semblait nous redemander sa liberté.

Alors je dis à Nina :

« Il ne faut pas que nous ayons sauvé la vie à cette mignonne bête pour la retenir prisonnière. »

Nina se mit à pleurer ; mais elle prit la mésange et nous descendîmes au jardin.

Le temps était beau, le ciel pur, le soleil brillait de tout son éclat. Les arbres étaient chargés de fruits, les plates-bandes du parterre remplies de fleurs. Quand Nina vit la nature si charmante, elle dit en regardant l'oiseau dans sa main :

« L'ingrate va nous oublier bien vite ! »

Nous donnâmes chacun un baiser à notre élève, et Nina ouvrit la main en détournant les yeux.

La mésange fendit l'air d'un coup d'aile rapide et alla se percher sur un arbre voisin. Là, elle se mit à chanter comme pour célébrer sa délivrance, et tout harmonieux qu'était ce ramage, il déchirait le cœur de Nina. Ma sœur s'était assise au pied de l'arbre et en regardait tristement la cime. Tout à coup elle ne put contenir sa douleur; elle tendit les bras vers la mésange en appelant : *Bluette! Bluette!* C'était le nom qu'elle lui avait donné.

Bluette, à cet appel si connu, descendit de l'arbre et vint se percher sur l'épaule de sa jeune maîtresse.

Oh! comme Nina fut heureuse alors! Comme elle fit des caresses à son amie qui l'agaçait avec son petit bec noir! Ma sœur parlait de sa voix argentine et la mésange chantait toujours; des larmes coulaient encore sur les joues de Nina, et Bluette les essuyait de son aile soyeuse.

« Tu vois bien, » me dit Nina avec orgueil, « Bluette ne veut plus me quitter jamais. »

Pauvre petite sœur ! elle ne savait pas qu'elle disait si juste !

L'enfant s'arrêta encore, oppressé par ses souvenirs. Il passa la main sur ses yeux et reprit :

— Dès ce moment, commença une amitié plus intime encore entre Nina et la mésange. L'oiseau ne quittait plus sa maîtresse ; il la suivait en voltigeant dans toute la maison ; il la reconnaissait au son de sa voix, au bruit de ses pas. L'appel de Nina le faisait accourir du fond du jardin où il allait en liberté. Le matin, c'était lui qui venait la réveiller. Il écartait en chantant les rideaux, se posait sur le chevet et becquetait les lèvres roses de la petite fille endormie.

Heureuse Bluette ! qui embrassait Nina avant notre mère et avant moi !

Cependant la belle saison était passée ; il fallut revenir à Paris. Ma sœur paraissait maladive ; on disait qu'elle avait besoin des secours des plus grands médecins. Quand nous fûmes arrivés ici, elle se trouva encore plus malade qu'auparavant, et bientôt elle ne sortit plus de sa chambre. Souvent je voyais les femmes de service échanger à voix basse des paroles tristes, et maman en causant avec ma sœur et moi, se cachait quelquefois pour pleurer... mais je ne comprenais pas encore ce que c'était que mourir !

Bluette accompagnait partout sa maîtresse. Celle-ci ne pouvait souffrir non plus que la mésange s'éloignât d'elle, et dans sa naïveté d'enfant et de malade, elle contait ses souffrances à son amie. Que de fois ai-je vu Bluette, perchée sur le petit doigt blanc de Nina et paraissant écouter avec attention les plaintes de ma sœur ! Dans ces moments douloureux, elle avait perdu son ramage : plus d'agaceries, de battements d'ailes. La mésange était triste, pensive, comme si elle eût senti les maux dont on se plaignait. Quand Nina, épuisée de sa causerie, gardait le silence, Bluette avançait bien doucement sa tête bleue pour lui donner un baiser d'encouragement ; puis toutes deux s'endormaient dans leur alcôve de gaze blanche.

Un jour, on m'avait laissé seul un moment auprès de ma sœur. Je la croyais assoupie, quand tout à coup je l'entendis m'appeler d'une voix faible. Je m'approchai d'elle avec empressement.

« Adieu, frère, » dit-elle ; « je sens que je vais mourir... où est maman ? »

« Je voulus la rassurer, et je lui dis que maman allait rentrer.

« Embrasse-moi, » reprit-elle.

Je me penchai vers elle pour l'embrasser, mais elle venait de retomber sans mouvement sur le chevet.

Elle était morte !

Je poussai un grand cri et je me jetai à genoux.

En ce moment, la mésange, qui reposait à côté de ma sœur, prit son vol et s'échappa, avec un ramage plaintif, par la fenêtre entr'ouverte. Je crus voir l'âme angélique de ma chère Nina monter vers le ciel sur ses ailes d'azur !...

Je pris la main de l'enfant et je la pressai dans la mienne. Il me remercia par un signe de tête. Son vieux domestique, qui s'était rapproché de nous pendant ce récit, avait les yeux pleins de larmes.

— Ils vous diront ce que j'ai souffert, poursuivit le jeune garçon en désignant son fidèle surveillant ; ma gentille sœur n'aimait pas un ingrat !

Comme il se taisait, je lui demandai timidement :

— Et la mésange, savez-vous ce qu'elle est devenue ?

Il fit un effort sur lui-même et continua :

— Aussitôt que j'eus repris un peu de forces, je demandai qu'on me conduisît au tombeau de Nina, dans le cimetière du Père-Lachaise. Je m'agenouillai sur le marbre et je priai pour ma sœur. Le chant d'un oiseau, qui se fit entendre près de moi, attira mon attention. Je levai la tête, et je vis, sur un cyprès voisin, une mésange bleue. Mon cœur battit violemment. J'appelai : « Bluette ! Bluette ! » comme appelait ma sœur, et la mésange vint se poser sur mon doigt.

Je mouillai de mes larmes cette charmante créature ; je la couvris de baisers. Au bout d'un moment, elle alla se réfugier dans les couronnes de fleurs d'oranger et d'immortelles qui ornaient la croix du tombeau, comme pour me dire qu'elle appartenait encore à la morte.

Chaque fois que j'ai visité le cimetière, j'ai

vu Bluette auprès de sa petite maîtresse. Le jour, elle chantait sur la tombe ; la nuit, elle couchait dans les fleurs virginales que des mains amies y viennent déposer.

Il y a quelques jours, nous avons trouvé Bluette morte de froid à sa place accoutumée... Elle n'a pas voulu quitter Nina ! »

Pendant ce récit, nous avions atteint la grille du pont d'Austerlitz. Une voiture attendait l'enfant et son gouverneur. Au moment de nous séparer, il me dit avec un sourire mélancolique :

— Vous savez maintenant pourquoi j'aime les oiseaux !

Après le mélodrame, le vaudeville.

La sensibilité du lecteur ayant pu être excitée par les malheurs de la mésange bleue, nous allons essayer de le rassurer sur les souffrances des oisillons et citer un dernier morceau pour clore ce chapitre.

LA SAGESSE DE LA NATURE

> Aux petits des oiseaux...
> Racine.

Que la nature est prévoyante et bonne !

Il faisait un froid glacial. Le ciel était sombre. La bise soufflait. Une neige épaisse couvrait le pavé de la rue.

Postés sur le bord d'un toit, des pierrots sans aveu, la plume hérissée par le vent, les pieds gelés, mourant de faim, disaient dans leur langage :

— Ah ! que je prendrais bien quelque chose de chaud !

En ce moment, passèrent deux beaux chevaux attelés au carrosse d'un riche ; ils laissèrent tomber je ne sais quoi qui fuma sur la neige.

Aussitôt les oisillons s'élancèrent tout joyeux...

Que la nature est prévoyante et bonne !

VI

La méthode de Ponson du Terrail et celle de Jules Janin. — Comment Ponson faisait ses romans. — M. Sauzet et Lamartine. — La bonne femme de Saint-Point. — Ponson du Terrail défendu par lui-même.

Ponson du Terrail, mort prématurément et si malheureusement à Bordeaux pendant la guerre, avait une facilité de travail tout à fait prodigieuse. Un jour il arrive dans un bureau de rédaction, où un confrère était en train de corriger les épreuves de son feuilleton du jour. Ponson se met à causer, sans aucune préoccupation, quand accourt le metteur en pages d'un autre journal de la maison.

— Eh bien ! monsieur Ponson du Terrail,

s'écrie-t-il, où est votre copie? Nous sommes déjà en retard!

— Ma copie! ma foi, je n'en ai pas... Bien plus, je veux que le diable m'emporte si je sais ce que je dirai dans mon chapitre prochain.

— Mais alors, s'écria le metteur en pages terrifié, nous n'aurons pas de feuilleton aujourd'hui?

— Bah! donnez-moi du papier et une plume... Vous allez voir!

Le vicomte s'assit au coin d'une table et se mit à écrire avec rapidité, sans cesser de causer avec son confrère.

Celui-ci, assez curieux de savoir comment le fécond romancier se tirerait d'embarras, continua de corriger ses épreuves. Cependant, sa besogne finie, il se leva pour partir.

— Attendez-moi un instant, dit Ponson, nous sortirons ensemble.

— Comment! et votre feuilleton?

— Mon feuilleton!... parbleu! le voilà fait .. Attendez que je *fiche* un point et que je signe.

Pendant que le confrère avait corrigé les épreuves de son travail, Ponson avait écrit le sien tout entier!

A la vérité, le lendemain de ces improvisations, on trouvait, dans le roman de l'auteur de *Rocambole*, des monstruosités inexplicables. Une fois, Ponson du Terrail avait donné à un de ses personnages une taille de six pieds. Quelque compositeur trop distrait, au lieu de six, mit *dix* pieds, et la faute typographique fut répétée dans les feuilletons suivants sans que l'auteur s'en inquiétât. Un homme de dix pieds a toujours été un phénomène rare, même au temps du géant Teutobocus, et on pouvait craindre des réclamations. Pas du tout : aucun lecteur ne protesta ; bien plus, dans les éditions successives du roman, nul ne s'avisa de corriger la « coquille » ; et tant qu'on lira les livres de Ponson du Terrail, il sera bien et dûment établi qu'il existe des hommes de dix pieds.

Le romancier populaire a pourtant prouvé, dans différents ouvrages, que, quand il voulait mûrir un plan, soigner son style, il produisait, tout comme un autre, des œuvres relativement pures et dignes de l'attention des gens de goût. Mais le démon de l'improvisation l'emportait presque toujours au plus haut des airs, et Ponson n'avait garde de mettre en usage les procédés de Jules Janin.

Un littérateur, qui a le travail lent et difficile, disait au grand feuilletoniste des *Débats*:

— Que vous êtes heureux, mon cher Janin! Vous écrivez d'un premier jet, sans recherche et sans effort. Votre phrase est correcte, aisée, ciselée avec finesse, et pourtant on dirait que vous n'avez même pas pris la peine de vous relire.

— Vous me la baillez belle! répliqua J. J. Lorsque, en effet, j'écris mon feuilleton théâtral du lundi, je ne me gêne guère et j'y vais au courant de la plume; en deux heures tout est bâclé. Mais quand il s'agit d'une œuvre qui doit être plus durable, quand je travaille pour la « librairie », je sue et je peine autant que personne... *Sœpe stylum vertas*... Tenez, regardez ceci.

Et il exhiba plusieurs feuillets, si chargés de ratures que feu Balzac lui même n'eût pu faire mieux.

— Je corrige ainsi, poursuivit-il, trois ou quatre feuillets par jour en travaillant six ou sept heures... Et, à ce métier-là, je peux encore gagner *vingt sous* dans ma journée !

Ponson du Terrail, grâce à ses procédés expéditifs, gagnait, surtout dans les derniers temps de sa vie, beaucoup plus d'argent que Janin. Mais, en littérature, les bénéfices sont rarement en rapport avec la valeur intrinsèque des ouvrages, et, parmi ces ouvrages, les plus lucratifs sont souvent les moins estimables.

Du reste, le romancier populaire, dans la rapidité de ses improvisations, empruntait assez volontiers des idées aux œuvres de ses confrères. Il mettait à ces innocents plagiats la plus grande bonhomie, la plus entière franchise, et avertissait ceux qui en étaient victimes. Bien des fois il a dit à un feuilletoniste de ses amis :

— Vous savez ? Je refais *tel* de vos romans.

Et quand l'ami se récriait :

— Oh ! ajoutait le vicomte, je pourrais me dispenser de vous prévenir, car le public ne s'en apercevra pas, et vous-même n'y auriez vu que du feu.

En effet, un roman à succès étant donné, Ponson prenait l'idée générale et le mouvement du drame ; mais, où l'auteur primitif avait mis un vieillard, il mettait un enfant, où l'auteur avait mis une religieuse, Ponson installait une courtisane. Avec sa verve endiablée il rajustait tout cela, et obtenait souvent plus de succès que le confrère.

Ce procédé, d'ailleurs, n'est pas nouveau et paraît surtout avoir été employé par des compositeurs de musique. Nous nous souvenons d'avoir entendu Castil-Blaze, le critique musical le plus érudit peut-être qui ait jamais existé, soutenir cette thèse que certains airs en vogue, tirés des ouvrages des maîtres modernes, étaient copiés note pour note dans des ouvrages plus anciens, avec la seule précaution de changer le rythme et la mesure. Il citait, à l'appui de son assertion, de nombreux morceaux d'opéras, et réellement ces morceaux se retrouvaient avec exactitude dans des ouvrages antérieurs, bien qu'ils fussent défigurés par un changement de rhythme. Nos plus illustres compositeurs, toujours d'après Castil-Blaze, n'auraient pas dédaigné ces petites supercheries musicales ; il les reprochait notamment à Berlioz, à Auber et même à Rossini.

Revenons à Ponson du Terrail.

Le plus habituellement, c'était de son propre fonds qu'il tirait le sujet de ses ouvrages. Comme Alexandre Dumas, il a parcouru toute la gamme de l'intérêt romanesque, drame de la mer, drame des montagnes, drame des mines et des souterrains, drame des tempêtes et des inondations, drame des passions nobles et des passions mauvaises, de la ville et de la campagne, du couvent et du boudoir, du château et du cabaret ; il a exploité toutes les veines, épuisé tous les filons. Souvent aussi il s'engouait d'une simple scène, qui le séduisait par son étrangeté, bien qu'elle ne se rattachât à aucune action solide, à aucune donnée féconde.

Un jour, il rencontra dans la rue un autre romancier.

— Mon cher, lui dit-il, là, tout à l'heure, en fumant mon cigare, je viens de trouver un excellent premier chapitre.

— Vraiment! contez-moi donc ça.

— Voici :

« Je suppose qu'un jeune homme aux allures mystérieuses, mais de physionomie sympathique, arrive à Paris du fond de l'Inde. A peine descendu de wagon, il prend une voiture et se fait conduire au triple galop dans une rue écartée de Montmartre.

« A l'extrémité de cette rue se trouve un vieil hôtel tombant en ruines et qui, comme la maison Rennepont du *Juif errant*, paraît désert depuis bien des années. Derrière l'hôtel s'étend une cour, encombrée d'herbes sauvages et entourée de hautes murailles. Au centre de la cour, on voit un puits de cent pieds de profondeur, que surmonte un petit toit en ardoises, à moitié ruiné comme les autres constructions environnantes.

« Arrivé devant la maison, le voyageur congédie le cocher, après l'avoir payé grassement. Aussitôt que la voiture a disparu, il s'avance vers la porte de l'hôtel et frappe avec le heurtoir quelques coups, espacés d'une manière particulière. La porte s'ouvre lourdement, en grinçant sur ses gonds, et le voyageur entre dans une espèce de vestibule noir et silencieux.

« La porte se referme derrière lui, sans qu'il voie personne ; il ne s'en inquiète pas, traverse le vestibule et pénètre dans la cour, où quelques noyers centenaires répandent une ombre épaisse. Indifférent à tout le reste, le voyageur se dirige précipitamment vers le puits, se penche sur la margelle et fait :

« — Pssssst !

« Ensuite il écoute, tout haletant.

« Rien.

« L'inconnu pâlit.

« Après une minute d'anxiété, il se redresse et regarde sa montre, — un superbe chronomètre de mille écus.

« — Que je suis fou ! dit-il en respirant avec effort ; il n'est pas l'heure... Je suis en avance de dix minutes.

« Et il se met à se promener sous les arbres, en proie à des angoisses croissantes, les yeux fixés sur sa montre.

« Au bout de dix minutes, il s'approche de

nouveau du puits, se penche sur la margelle, et fait encore :

« — Pssssst !

« Alors, dans l'intérieur du puits, à une immense profondeur, on entendit... »

Ponson s'arrêta.

— De grâce, mon ami, qu'entendit-il ? demanda l'autre romancier avec empressement ; je suis, ma foi ! complétement *empoigné*... Ne me faites pas languir ; qu'entendit votre voyageur ?

— Mais je n'en sais rien encore, répondit le vicomte en riant ; il faudra qu'il entende quelque chose, seulement je n'ai pas décidé ce que ce sera.

— Comment ! reprit l'ami désappointé, vous ignorez... Vous pouvez du moins m'apprendre pourquoi votre voyageur, retour de l'Inde, vient à Paris, quel est le mystère de ce puits à Montmartre, quel drame s'accomplit dans ce vieil hôtel en apparence abandonné ?

— Pas le moins du monde, répondit Ponson en riant toujours ; et je vous serais obligé de me conseiller à cet égard... Quelle association doit se cacher dans ce puits ? Sera-ce des conspirateurs ou des faux monnayeurs? Sera-ce des *carbonari* italiens, ou des *thugs* de l'Inde, ou des *Enfants blancs* d'Irlande? Donnez-moi vos idées; j'ai hâte de me mettre à l'ouvrage.

— Mais je n'ai pas d'idées du tout ! répliqua l'autre; il me faudrait longtemps pour réfléchir... et encore !...

— Bah ! je trouverai, reprit le vicomte.

Il trouva sans doute, car la scène que nous venons de raconter sert d'exposition à un de ses livres, et ses lecteurs habituels n'auraient pas de peine à désigner celui dont elle fait partie.

———

Ponson du Terrail était doué d'une excellente mémoire, et, comme il avait lu un nombre prodigieux de romans pendant son enfance et sa jeunesse, il ne faisait souvent qu'imiter quand il croyait inventer. Il en est encore ainsi, dit-on, pour beaucoup de compositeurs de musique, qui s'imaginent de bonne foi avoir trouvé des mélodies quand ils n'ont reproduit que des réminiscences. Il eût été impossible, nous le répétons, que, malgré sa merveilleuse facilité, le vicomte puisât toujours dans son propre fonds, alors qu'il écrivait au jour le jour quatre ou cinq ouvrages pour quatre ou cinq journaux différents. Le romancier, qui vise aux succès populaires, se meut dans un cercle assez étroit, et à chaque pas, il rencontre des combinaisons antérieures. Son affaire est de les rajeunir par des ornements nouveaux, de se les assimiler, de les faire siennes, en leur imprimant le cachet de sa personnalité ; et Ponson excellait dans les opérations de ce genre, peut-être sans en avoir conscience.

On comprend de quelle importance est la mémoire en pareil cas. Néanmoins, vu l'état actuel des lois sur la propriété littéraire, il ne conviendrait pas qu'un romancier eût une mémoire aussi prodigieuse que celle de M. Sauzet, ministre de la justice sous Louis-Philippe.

. Fort jeune encore, Sauzet avait été présenté, par son ami Lamartine, à l'abbé S***, qui passait alors pour un des premiers prédicateurs de

France. A la suite d'un sermon de l'abbé S***, sermon qui avait été fort admiré comme à l'ordinaire, Lamartine, Sauzet et plusieurs autres personnes se trouvaient à déjeuner dans une maison tierce avec l'abbé. Pendant le repas, on accablait de compliments le prédicateur, qui en paraissait tout joyeux et tout fier. Seul, Sauzet gardait un silence opiniâtre.

L'abbé s'étonna d'abord et finit par s'offenser de ce mutisme.

— Ah çà ! et vous, jeune homme, dit-il tout à coup, n'avez-vous aucune opinion à exprimer ? On croirait que mon sermon n'a pas eu le bonheur de vous plaire !

— Monsieur l'abbé, répliqua Sauzet d'un air de malaise, j'ai bien une opinion, mais il pourrait vous être désagréable de la connaître, et j'aime mieux la garder pour moi.

— Qu'est-ce à dire ? demanda le prédicateur profondément blessé ; faites-la connaître, au contraire... Je sais supporter les critiques... Parlez avec franchise ; ces messieurs et moi, nous vous le demandons instamment.

— Eh bien ! monsieur l'abbé, puisque vous

l'exigez, je dirai toute la vérité... Le sermon m'a paru magnifique ; seulement il se trouve mot pour mot dans les *Sermons inédits* de Bourdaloue.

— Que dites-vous là ? s'écria l'abbé S*** en riant ; je ne l'ai emprunté à aucun ouvrage ; je l'ai bel et bien composé sous ma propre inspiration.

— Je regrette, monsieur l'abbé, que vous persistiez dans une affirmation semblable... Je suis certain que cet admirable morceau est de Bourdaloue. La preuve c'est que, dans mon ardente admiration, je l'ai appris par cœur, et que je peux vous le réciter d'un bout à l'autre.

— Tiens ! je voudrais bien voir cela ! dit l'abbé.

Aussitôt Sauzet récita le sermon tout entier et sans en changer un mot.

Le pauvre abbé était anéanti ; son visage passait du cramoisi au jaune, puis au vert le plus intense.

— Mon Dieu, disait-il en se frappant le front, est-ce que je deviens fou ! Je croyais être sûr...

Se pourrait-il que je n'eusse pas composé *mon* sermon ?

Sa terreur et sa consternation étaient telles que le jeune mystificateur finit par avoir pitié de lui. Sauzet partit d'un éclat de rire, et expliqua qu'il tenait de la nature une mémoire extraordinaire. Il lui avait suffi d'entendre une seule fois le sermon pour le retenir imperturbablement, et il l'avait retenu d'autant plus volontiers, que le discours était très-beau et tout à fait digne de Bourdaloue.

L'abbé S*** rit bientôt comme les assistants ; mais il avait eu une rude peur !

Dans une autre circonstance, Sauzet fut la dupe de sa prodigieuse mémoire.

Étant garde des sceaux, il faisait une tournée dans le département de Saône-et-Loire ; il écrivit à Lamartine qu'il comptait s'arrêter à Saint-Point et y passer la nuit. A l'heure indiquée, Lamartine et quelques-uns de ses hôtes du château montèrent à cheval pour aller au-devant du ministre. En chemin, Lamartine dit à M. F***, un de ses invités, qui avait été secrétaire de Sauzet :

— Ne pourriez-vous, mon cher F***, imaginer un moyen pour empêcher le garde des sceaux de me parler politique ? J'ai peur que nous ne nous entendions pas, et il me serait pénible de me trouver en dissentiment avec lui, pendant les quelques heures que nous devons passer ensemble.

— Rien de plus simple, répondit M. F***, homme fin et spirituel, aujourd'hui un de nos magistrats les plus éminents ; comptez sur moi... Vous allez voir !

On emmène Sauzet à Saint-Point ; on lui fait l'accueil le plus franc, le plus cordial. A table, le ministre lance à Lamartine quelques paroles sur les Chambres et sur le Gouvernement. Le malin M. F***, qui est aux aguets, détourne adroitement la conversation ; mais, prévoyant une nouvelle tentative, il dit tout à coup, à propos d'un fait judiciaire que venait de rappeler un des assistants :

— Ah ! monsieur le garde des sceaux, vous souvenez-vous de la belle plaidoirie que vous prononçâtes dans cette affaire, quand vous étiez simple avocat ? Quel succès vous eûtes dans l'auditoire et dans la presse ! Jamais vous n'avez trouvé des accents plus pathétiques, des arguments plus serrés et plus fermes !... Tout le monde fut convaincu et touché... Combien je regrette que M. de Lamartine, qui aime tant le beau langage et les grandes pensées, n'ait pu vous entendre !

— Oui, dit Sauzet visiblement flatté, cette plaidoirie a commencé ma réputation... Et vous souvenez-vous de ce mouvement oratoire qui atterra mes adversaires ?

En même temps, il répéta le mouvement oratoire. M. F*** l'excita si bien que Sauzet, usant de sa merveilleuse mémoire, récita tout entière la célèbre plaidoirie.

Cette récitation dura pendant le reste du dîner, pendant la soirée et jusqu'à l'heure où l'on se coucha. Le lendemain matin encore, elle se prolongea jusqu'à l'heure du départ.

Et Sauzet quitta Saint-Point sans avoir échangé la moindre parole politique avec Lamartine.

Puisque nous sommes à Saint-Point, nous ne pouvons résister à la tentation de conter encore un trait au sujet de l'illustre poëte, qui dirigeait si mal ses affaires.

A cette époque déjà, il était criblé de dettes ; il devait surtout beaucoup de petites sommes à des gens du pays, passablement besoigneux pour la plupart. On y mettait tout le respect possible, mais on le harcelait de demandes auxquelles il était incapable de satisfaire.

Parmi ces petits créanciers se trouvait une vieille paysanne des environs ; Lamartine lui devait une centaine de francs, pour prix d'une pièce de vin.

Quand il était au château, la bonne femme, un panier au bras, venait lui faire hommage de gaufres qu'elle avait préparées pour lui. Le grand poëte prenait les gaufres, donnait vingt francs à la paysanne et se confondait en remercîments.

— Ah ! monsieur notre maître, disait alors la vieille d'une voix gémissante, ce n'est pas, sauf votre respect, pour vous causer de la peine, mais la vie est bien chère et l'année n'a pas valu grand'-chose... Il faut donc que je vous rappelle cette affaire des cent francs, vous savez bien ?... Non pas que je vous les demande ; seulement, voyez-vous, quand ça viendra, ça viendra bien !

— Ma pauvre mère Bonnichon, répondait Lamartine, j'ai le cœur navré de ne pouvoir m'acquitter envers tous les braves gens qui, comme vous, ont eu confiance en moi... Mais je travaille, j'ai le meilleur espoir, et bientôt, peut-être...

— Faut pas que ça vous cause du chagrin, monsieur notre maître, reprenait la mère Bonnichon en se levant, ce que j'en dis, c'est pour dire... Je viendrai vous apporter des gaufres pas moins, puisque vous les aimez.

Et elle revenait ; elle revenait tous les mois et recevait vingt francs pour ses gaufres qui valaient cinq sous.

Plusieurs années se passèrent ainsi.

A chaque visite, la créancière et le débiteur se lamentaient de ne pouvoir en finir avec cette misérable dette de cent francs.

Cette dette existe encore, et ni Lamartine ni la paysanne ne se doutèrent jamais qu'elle était éteinte depuis longtemps.

Un dernier mot sur Ponson du Terrail, que nous avons oublié un moment pour parler de Lamartine et de Sauzet.

Il était charmant dans ses rapports avec ses confrères. Il connaissait la valeur de ses succès, et, loin de s'en prévaloir, il semblait s'en excuser. Jamais il ne témoigna de basse jalousie pour le succès des autres, et (qualité bien rare chez un auteur !) il s'en réjouissait franchement. Aussi avait-il de nombreux amis, et il se montrait fort désireux d'obtenir leur suffrage.

Une fois, il disait à l'un d'eux :

— Promettez-moi de lire le feuilleton que je vais commencer dans le journal de*** ; je tiens à avoir votre opinion sur cet ouvrage.

— Eh bien ! quoique fort occupé moi-même, je le lirai... aussi longtemps que je le comprendrai.

— A la bonne heure.

Huit jours après, Ponson demanda :

— Avez-vous lu mon feuilleton?

— Certainement... J'en ai lu trois chapitres.

— Et quel est votre avis ?

— Le premier chapitre est ravissant...

— Merci... Et le second ?

— Fort bien encore ; seulement, il y a çà et là des complications qui m'offusquent.

— Et le troisième?

— Les complications redoublent, et j'ai besoin, pour les comprendre, d'une tension d'esprit qui devient pénible pour moi.

— Alors vous n'avez pas lu le quatrième ?

— J'ai essayé; mais j'avoue bonnement que je ne comprenais plus du tout, et.. j'ai dû y renoncer.

Ponson fit la grimace.

— Il paraît pourtant que le public comprend, lui, reprit-il, car l'ouvrage marche à souhait et le journal vient de m'en commander un nouveau... Que diable! mon cher, poursuivit-il, ce n'est pas ma faute si la littérature du roman a passé du simple au composé, et si les complications, les enchevêtrements, les extravagances mêmes, sont à l'ordre du jour. Je me soumets à la mode actuelle, rien de plus. Qu'il y ait là une décadence, je ne dis pas non; mais je n'impose pas la loi, je la subis. Si Bernardin de Saint-Pierre, Lesage et Walter Scott revenaient sur terre et apportaient l'un *Paul et Virginie*, l'autre *Gil Blas*, et l'autre *Quentin Durward*, en supposant, bien entendu, que ces chefs-d'œuvre n'eussent pas encore été publiés, je vous affirme que ces trois grands hommes ne trouveraient pas en ce moment un journal à Paris pour les publier. Leurs livres immortels sembleraient à la génération présente longs, froids et ennuyeux... Encore une fois, à qui la faute, sinon à tout le monde ? Jadis on aimait le vin fin, moelleux, légèrement parfumé ; maintenant on veut du trois-six et du casse-poitrine ; il faut servir le consommateur selon son goût... C'est l'effet du suffrage universel en littérature, et vous savez que le suffrage universel c'est l'arche sainte !

— Faites donc, mon cher Ponson, et ne vous inquiétez pas des opinions d'un homme du passé tel que moi... Aussi bien il est douteux que le lecteur actuel, habitué au trois-six et au casse-poitrine, revienne au vin généreux, qui semblerait beaucoup trop insipide à son gosier corrodé. Mais peut-être va-t-il s'élever une génération nouvelle qui...

— Bah ! les générations futures s'arrangeront comme elles pourront ! En ce moment, il s'agit de pomper beaucoup de menue monnaie dans un tas de vilaines poches, car le succès est de l'argent ; obtenons du succès le plus que nous pourrons !

Et le descendant des preux, car le vicomte prétendait descendre du chevalier Bayard, seigneur du Terrail, poursuivait sa laborieuse carrière, quand la mort est venue l'arrêter dans la force de son âge et de son talent. Quel que soit le sort de ses œuvres, tous ceux qui l'ont connu garderont de sa personne le meilleur souvenir.

VII

Louis-Philippe dans son jardin.—Louis-Philippe et les artistes. — Les souvenirs du blanchisseur. — L'examinateur de Saint-Cyr.— *Le numéro Un*. (Nouvelle.)

On accuse aujourd'hui les journaux politiques de travestir les faits les plus simples dans l'intérêt de leur opinion, et, réellement, quand chacun d'eux a supprimé les détails qui le gênent, en mettant en relief les détails qui lui plaisent, le même fait, quoique vrai au fond, équivaut à un mensonge.

Ce reproche, qu'on adresse aux feuilles actuelles, n'est pas nouveau, et déjà, sous le règne de Louis-Philippe, on l'adressait à certains journaux qui trouvaient dans l'acte le plus insignifiant matière à critiques passionnées, à plaisanteries burlesques ou à louanges hyperboliques.

A cette époque, un lecteur assidu des feuilles politiques avait eu la fantaisie de rédiger divers articles sur un même thème, d'après l'opinion connue des journaux alors en vogue.

Le thème choisi était celui-ci : « Le roi Louis-Philippe s'est promené dans son jardin. »

Sur cette donnée, qui semble prêter fort peu à l'éloge ou au blâme, voici ce que des journaux de diverses couleurs étaient supposés dire :

Le journal d'opposition radicale :

L'homme funeste qui, contrairement au vœu du peuple, s'est emparé des rênes de l'État, a été vu se promenant dans son jardin. Et quel moment prend-il pour s'abandonner à cette honteuse et coupable oisiveté ? Le moment où l'Europe en armes est liguée contre nous, le moment où le peuple souffre, où le commerce agonise, où l'industrie est morte. Ah ! que voilà bien le chef de ces ventrus, de ces députés du juste-milieu, qui, semblables à des oiseaux de proie, se sont abattus sur notre malheureux pays !... France ! France ! on te trahit !... Aux armes !.. L'heure est venue de vaincre ou de mourir !

Le journal satirique à images :

Il avait la tête en poire et se promenait dans son jardin. Il regardait... que regardait-il? Voler les mouches. Il entendait... qu'entendait-il? Bourdonner les hannetons. Il sentait... que sentait-il? Je n'en sais rien, mais ce n'était pas une odeur suave, s'il sentait l'œuvre de ses ministres. Tout en se promenant, il songeait... à quoi songeait-il? A vider nos poches et à remplir les siennes. Tandis qu'il regardait, écoutait, sentait et songeait, une guêpe, qui rôdait par là, vit sa tête pointue et la prit pour une grosse poire juteuse. Elle s'élança, mais elle fut bien attrapée: ce n'était qu'une calebasse vide.

En revanche, le journal ministériel s'écriait sur un ton dithyrambique :

Notre roi populaire, l'homme providentiel qui a sauvé la France des fureurs de l'anarchie, a donné hier, à la ville et au monde, un spectacle merveilleux et touchant: il s'est promené dans son jardin. On se sentait pénétré d'admiration et de respect à voir ce souverain qui, après de longues et pénibles heures consacrées aux soins de l'État, se délassait un moment sous ses ombrages, en rêvant encore à la gloire et au bonheur des Français...

Nous ne voulons pas prolonger ce badinage;

mais il y avait plusieurs autres journaux, de nuances intermédiaires, qui brodaient à leur façon sur ce canevas si peu politique.

Les formes ont vieilli; les hommes et les choses ont changé; cependant, aujourd'hui encore, n'apprécie-t-on pas la plupart des faits comme on les appréciait au temps dont il s'agit ? Si nous voulions appliquer aux hommes actuels certains jugements des organes de la publicité... Mais ce terrain est trop brûlant pour nous; passons.

Le roi Louis-Philippe, dont nous venons de parler, aimait les arts et les artistes; toutefois, comme il aimait aussi l'argent, il s'arrangeait pour encourager les arts de la façon la plus économique

Un peintre célèbre, auquel il avait accordé un logement et un atelier au Louvre, recevait souvent sa visite le matin. Il venait par la porte de la grande galerie, servant de communication entre les Tuileries et le Louvre, et voisinait bourgeoisement avec l'artiste. Souvent, à la suite d'une de ces visites, le peintre disait à ses élèves :

— Le roi demande pour deux mille francs de peinture ; voyons donc ce qu'on pourrait lui donner.

Il allait de chevalet en chevalet, choisissait l'étude qui était à sa convenance, et l'emportait dans son atelier particulier. Là, il la retouchait et en faisait un tableau, dont il poussait l'achèvement jusqu'au point qui lui semblait équivaloir à la somme annoncée. Puis le tableau était livré au roi... qui ne se gênait pas pour marchander au dernier moment.

Car il était grand *marchandeur*, ce bon Louis-Philippe ! On en jugera par le fait suivant, que nous tenons de la meilleure source.

Le sculpteur D*** avait exposé au Salon un buste en marbre que le roi voulait acheter. Le directeur des Beaux-Arts fut chargé de s'informer du prix de ce buste, sans dire qui devait être l'acquéreur, et l'artiste en demanda quatre mille francs.

Un rendez-vous fut assigné à D***, chez le directeur des Beaux-Arts, au Louvre, pour traiter de la vente, et D*** arriva à l'heure convenue. On lui fit faire antichambre assez longtemps, et quand on l'introduisit chez le directeur, celui-ci avait un air passablement embarrassé. Toutefois, il accueillit fort bien l'artiste, lui dit des choses très-obligeantes, dans le but évident de l'amadouer, et finit par annoncer que « la personne » qui avait envie du buste en offrait deux mille cinq cents francs.

D*** se récria; son bloc de marbre lui coûtait fort cher; il avait eu de grands frais de praticien : à ce prix, son talent eût été compté pour zéro. Le directeur des Beaux-Arts paraissait convaincu de la justesse de ces observations; cependant il se taisait et regardait souvent une porte close en face de lui.

Tout à coup, il se leva, et, prétextant un ordre à donner, il disparut derrière cette porte qui se referma. On entendit des chuchotements de l'autre côté. Après un temps assez long, le directeur des Beaux-Arts, dont le malaise devenait de plus en plus visible, rentra dans la salle.

— Mon cher D***, reprit-il, toute réflexion faite, j'augmenterai de cent francs le prix proposé ; mais je ne suis pas autorisé à offrir un centime de plus.

— Ah çà ! dit le sculpteur indigné en élevant la voix, qui est donc l'harpagon capable de liarder ainsi ?

— Chut ! chut ! interrompit le directeur effrayé, en regardant vers la porte ; c'est, poursuivit-il, une personne en crédit, qui commandera sans doute d'autres travaux, et qui, plus tard, pourra vous accorder des compensations... Mais tâchons d'en finir... Quel est votre dernier mot ?

— Trois mille cinq cents.

— Je vais essayer encore.

Le directeur des Beaux-Arts sortit, et les chuchotements recommencèrent derrière la porte. Quand il revint, il dit d'un air de confusion :

— Deux mille huit cents... *On* ne veut pas, décidément, aller plus loin.

— Alors, n'en parlons plus ! s'écria D*** avec humeur, en faisant mine de se retirer ; votre ami est un fameux ladre !

Le directeur posa vivement un doigt sur sa bouche et sortit pour la troisième fois.

Or, cette fois, il n'avait pas songé à refermer la porte, si bien que D***, impatient de savoir qui marchandait ainsi, la poussa brusquement. Quelqu'un qui causait avec le directeur des Beaux-Arts, dans une espèce d'antichambre, se détourna avec vivacité, pas assez vite pourtant pour que D*** n'eût reconnu certaine paire de gros favoris alors célèbres.

Du reste, la curiosité du malencontreux artiste reçut son châtiment. Le marché fut rompu, et D*** garda son marbre, qu'il vendit plus tard cinq mille francs à un simple amateur.

Si Louis-Philippe voulait acquérir des chefs-d'œuvre à bon marché, en revanche, il se montrait tout à fait bonhomme envers les artistes.

Diaz était en train de peindre une fresque au palais de Saint-Cloud. Diaz qui, comme on le sait, avait une jambe de bois, était monté sur une échelle de forme particulière, et, tout en brossant son tableau, il tenait entre ses dents une pipe de terre courte et noire, d'aspect très-peu aristocratique. Ainsi installé, il fumait sans vergogne dans les appartements royaux, quand le roi vint à passer et s'approcha pour regarder son travail.

Diaz, à cette époque, n'avait rien du courtisan et même de l'homme du monde. Absorbé par son art, il conservait toute la rudesse des ateliers, ce qui faisait dire à son ami Laurent-Jean : « Ce diable de Diaz, j'ai voulu le présenter dans quelques salons ; mais on ne peut pas tirer de lui autre chose que : *J'ai une quille en bois! J'ai une quille en bois!* »

Cependant le bohème de talent s'empressa de retirer sa pipe et de la dissimuler dans sa main, au risque de se brûler les doigts. Louis-Philippe le remarqua et dit avec bonté :

— Continuez de fumer, monsieur Diaz ; vous êtes au travail, il ne faut pas changer vos habitudes.

— C'est juste, sire, répliqua Diaz avec son sans-gêne accoutumé ; moi, je ne peux travailler sans fumer.

Il remit l'affreuse pipe à sa bouche.

Le roi causa un moment, donna son avis sur l'ouvrage du peintre et s'éloigna.

Quelques instants s'écoulèrent. Un aide de camp, brodé d'or sur toutes les coutures, entra dans la salle, et son nez fut blessé d'abord par l'âcre odeur du tabac de caporal. Il leva les yeux et vit Diaz qui, du haut de son échelle, peignait de ravissantes choses à travers un nuage de fumée.

— Monsieur, cria l'aide de camp d'un ton rogue, on ne fume pas ici... Je vous invite à éteindre votre pipe sur-le-champ.

Le peintre demeura impassible et poursuivit une combinaison de riches couleurs sur sa palette magique.

— Le maître de la maison me l'a permis, répliqua-t-il enfin entre deux bouffées.

L'aide de camp rougit de colère.

— Monsieur, reprit-il, on ne fume pas chez le roi... C'est la consigne, et d'ailleurs le simple sentiment des convenances...

— Je vous dis que le maître de la maison me l'a permis, répéta Diaz brusquement; donnez-moi la paix!

— Ah! c'est ainsi?... Eh bien! nous allons voir!

Et l'aide de camp sortit furieux.

Néanmoins, Diaz put peindre et fumer avec tranquillité pendant plusieurs heures. Au bout de ce temps, le roi repassa, suivi de plusieurs personnes parmi lesquelles se trouvait l'aide de camp, aussi muet, aussi respectueux qu'il était insolent naguère.

En apercevant le roi, Diaz fit mine encore de retirer sa pipe ; mais Louis-Philippe lui dit avec un sourire :

— Allons ! allons ! monsieur Diaz, vous savez bien que « le maître de la maison » vous l'a permis !

Louis-Philippe montrait la même simplicité dans ses rapports avec les bourgeois dont il aimait à s'entourer.

Il était d'usage, quand la Cour résidait aux Tuileries, que le commandant du poste de la garde nationale (un chef de bataillon, souven même un modeste capitaine) dînât à la table du roi, en compagnie de tous les grands personnages qu'il plaisait à Sa Majesté d'inviter. On s'arrangeait habituellement pour que ce chef de poste fût un homme du monde, incapable de faire quelque incartade à la table royale ; mais, parfois, malgré toutes les précautions, ce convive, soi-disant militaire, avait des manières un peu étranges et qui devaient désoler les Dangeaux de la branche cadette.

Un blanchisseur de Boulogne, fort brave homme du reste, avait dû à sa qualité de capitaine dans la garde nationale de la banlieue, l'honneur de dîner ainsi avec le roi ; et pendant de longues années, même après la chute de la monarchie de Juillet, il racontait avec bonheur à ses pratiques ce mémorable événement. Que de fois nous l'avons entendu, un gros paquet de linge déposé à ses pieds, le poing sur la hanche, énumérer complaisamment tous les détails du dîner!

— Ah! monsieur, disait-il de sa voix un peu enrouée, c'était le bon temps !... Quel grand roi que ce Louis-Philippe, et *bien parlant*, et pas fier du tout! Quand j'entrai dans cette superbe salle à manger, avec mon uniforme neuf et mon pantalon blanc, vrai ! je ne savais plus où mettre mes mains. On me fit asseoir en face du roi, de l'autre côté de la table, et alors, de beaux laquais en culotte m'apportèrent des assiettes pleines d'excellentes choses que je ne savais pas ce que c'était. Je mangeai tout de même, je mangeai tout ce que l'on voulut, car vous comprenez bien qu'il n'eût pas été poli de faire la petite bouche. Cependant, il faut le dire, je ne me sentais pas à mon aise, et la tête me tournait un peu.

« Alors croiriez-vous, monsieur, que le roi... oui, le roi lui-même... daigna m'adresser la parole? Il me demanda comment je m'appelais et combien j'avais d'enfants. C'était ça un vrai monarque! Par exemple, je ne peux pas me rappeler ce que je lui répondis, et peut-être bien que j'aurai lâché quelque sottise.. Faut croire pourtant que ça paraissait drôle au roi, car il riait... Hein! c'est pas un tas de propres-à-rien, comme il y en a, qui pourraient se vanter d'avoir fait rire le roi! »

Une circonstance surtout avait frappé l'honnête blanchisseur. Louis-Philippe, à table, s'amusait souvent à se faire apporter diverses espèces de vins, qu'il mélangeait dans des proportions déterminées et dont il composait un cru de fantaisie; puis, il envoyait un verre de ce mélange à ceux de ses convives qu'il désirait particulièrement honorer, et on peut croire que les convives en exaltaient le goût délicieux.

Or, le blanchisseur de Boulogne avait été gratifié d'un verre de ce vin, qu'un laquais était venu lui apporter sur un plateau d'argent, par ordre exprès du roi, et il semblait très-glorieux de cette faveur.

— Etait-ce bon, père Branchu ? lui demandai-je.

— Certainement, certainement, monsieur.

Mais bientôt, comme si la force de la vérité l'obligeait à revenir sur son affirmation, il prenait l'air mystérieux d'un conspirateur et ajoutait, en baissant la voix:

— Faut tout dire, monsieur, et c'est pas vous

qui voudriez me vendre. . Eh bien! j'ai trouvé la chose un peu fadasse, et ma foi! si le roi n'était pas un si grand roi, j'aurais mieux aimé boire un verre de cassis-mêlé au cabaret du *Battoir d'or.*

Nous avons toujours soupçonné le père Branchu d'aimer le *dur;* s'il existe encore, qu'il nous pardonne cette supposition, peut-être un peu risquée, en faveur des souvenirs, si chers à sa vieillesse, que nous venons d'évoquer.

———

Baissons encore le ton, et parlons de personnages moins célèbres.

Depuis que les professions libérales sont uniquement accessibles par la voie des examens et des concours, les examinateurs, dans les diverses branches de l'enseignement public, sont assaillis de recommandations. Réellement, quand il s'agit de l'avenir d'un jeune homme et souvent, par suite, du sort de toute une famille, la bienveillance du juge, quelle que soit son impartialité, peut être fort nécessaire. Un académicien, qui a écrit dix volumes, dont plusieurs sont de premier ordre, disait un jour : « On ne peut jamais répondre du succès final d'un examen. Quant à moi, si je devais subir un simple *examen de lecture*, je me ferais recommander aux examinateurs. »

Aussi les recommandations de ce genre sont-elles admises, comme les visites aux juges des procès; et, à propos de cet usage, nous allons raconter une petite histoire qui s'est passée il y a quelques années.

LE NUMÉRO UN

A cette époque, un des examinateurs d'admission à l'école spéciale militaire était M. P***, fort redouté des candidats. Non pas qu'il fût emporté ou brutal; c'était, au contraire, l'homme le plus doux du monde; mais il avait, en sa qualité de mathématicien, quelque chose de froid dans l'abord, de bizarre dans les manières, qui troublait les jeunes gens timides, parfois même paralysait leurs moyens. Aussi, ne perdait-on aucune occasion de se rendre favorable le terrible M. P***.

Pendant qu'il faisait sa tournée dans les départements, s'arrêtant, avec les autres membres de la commission, à chaque chef-lieu afin d'examiner les candidats, il reçut la lettre suivante :

Château de la Rochette, près de Tours (Indre-et-Loire).

Monsieur,

C'est une mère inquiète qui ose s'adresser personnellement à vous et invoquer votre indulgence en faveur d'un fils unique, sur lequel reposent toutes ses joies et toutes ses espérances. Mon cher Frédéric a atteint la limite d'âge pour subir les examens, et, s'il avait le malheur d'échouer dans l'épreuve qui se prépare, la carrière militaire lui serait à jamais fermée. Or, son père et son grand-père, morts tous les deux au service de l'État, ont été de braves et honorables officiers ; il tient à honneur de marcher sur leurs traces.

On m'a dit, monsieur, que vous étiez bon autant que juste ; aussi ne puis-je comprendre pourquoi Frédéric appréhende outre mesure de paraître devant vous. Oh! n'est-ce pas, monsieur, que, dans ce moment critique, vous voudrez bien lui adresser quelque parole bienveillante ? Cela suffira sans doute pour lui donner du courage. Ne croyez pas que ce soit un ignorant, incapable de répondre aux questions qui lui seront posées ; il a beaucoup travaillé, au contraire, et je sais par plusieurs personnes très-compétentes qu'il est en état de subir d'une manière remarquable les épreuves de l'examen. Ce qui lui manque, c'est un peu de confiance en lui-même, et je suis sûre qu'un mot de votre part la lui rendra.

J'ai pour vous une lettre de recommandation de votre ami, le colonel X***; mais je désire vous la remettre en personne. D'après l'itinéraire de la commission, publié dans les journaux, vous vous trouverez, le 20 de ce mois, à Angers, où mon fils s'est fait inscrire pour subir les épreuves orales. Je vous serai bien reconnaissante de me recevoir dans la matinée de ce jour, afin que je vous présente la lettre du colonel et que je plaide moi-même la cause de mon fils avec toute la tendresse d'une mère. J'ose espérer, monsieur, que vous ne me refuserez pas la grâce de m'entendre.

Je suis avec considération, etc.

Comtesse de Lacy.

P*** reçut cette lettre à Orléans, où il s'était arrêté quelques jours ; et, habitué à en recevoir de pareilles, il se dit à lui-même :

— Voilà une maman diablement effrayée !... Elle a un *cancre* à présenter sans doute... Nous verrons cela quand nous y serons !

Il jeta la lettre de côté et n'y pensa plus.

La veille du jour où les examens devaient avoir lieu à Angers, une berline de forme antique, comme on n'en trouve que dans les provinces reculées, déposa à la station de ***, entre Tours et Angers, trois personnes qui comptaient prendre le train de nuit pour cette dernière ville.

De ces trois personnes, l'une était une femme d'une quarantaine d'années, mais qui, à raison de sa beauté et de sa fraîcheur, pouvait n'en accuser que trente. Enveloppée d'une mante de soie, un voile de dentelle noire sur le visage, elle avait une élégance de bon goût annonçant une femme du meilleur monde. Elle donnait le bras à un grand jeune homme, beau et bien fait, qui lui témoignait autant d'affection que d'égards ; c'était son fils, mais on eût pu le prendre pour son frère. Une espèce de femme de confiance, aux allures modestes, qui pouvait au besoin servir de porte-respect à la belle voyageuse, les accompagnait.

Quand la voiture atteignit la station, le train était déjà en vue, si bien que la dame eut à peine le temps de donner ses ordres au cocher en le congédiant. On se hâta de prendre les billets et de se jeter dans un wagon de première classe. Une minute plus tard, la locomotive faisait entendre son sifflet formidable et le convoi se remettait en marche.

Ces trois personnes, parmi lesquelles le lecteur a deviné la comtesse de Lacy et son fils Frédéric, étaient montées dans un compartiment qui leur paraissait vide, et qui n'était éclairé, selon l'usage, que par une lampe assez terne ; ils ne s'aperçurent pas d'abord qu'un autre voyageur s'y trouvait déjà. Ce voyageur, drapé dans un ample manteau et coiffé d'un bonnet de velours, semblait, du reste, dormir d'un profond sommeil, et il ne s'éveilla que quand on entra dans le wagon.

Il se montra très-poli envers la mère et le fils, les aida obligeamment à s'installer. Comme il occupait la place du coin, il l'offrit à la comtesse, qui remercia d'un air distrait et s'assit avec Frédéric à l'autre extrémité du compartiment, tandis que la gouvernante s'asseyait en face d'eux.

Évidemment les nouveaux venus n'étaient pas causeurs, ou du moins ils étaient trop préoccupés en ce moment pour se montrer sensibles aux prévenances. Toutefois, le voyageur crut devoir risquer quelques mots sur la fraîcheur de la soirée, sur la beauté de la nuit, et aussi sur la fatigue des voyages, « quand on était, comme lui, dans la nécessité de parcourir toute la France. » D'après ces dernières paroles, Mme de Lacy s'imagina qu'elle avait affaire à un commis voyageur et répondit d'un ton sec :

— Vous avez bien raison, monsieur.

Puis, elle tourna le dos et se mit à parler bas avec son fils.

L'inconnu, comprenant qu'on dédaignait ses avances, se renfonça dans son coin, comme s'il essayait de reprendre le sommeil interrompu.

Quelques instants se passèrent ; la glace d'une portière demeurait ouverte, et quoique l'on fût en été, une brise aigre, venue de la Loire voisine, s'engouffrait dans le wagon. L'inconnu, tout grelottant, demanda d'un ton timide s'il n'y aurait pas moyen de lever le vasistas.

On ne parut pas l'avoir entendu et il dut répéter sa demande. Enfin la dame répondit :

— Désolée, monsieur ; mais mon fils et moi nous sommes fort agités, nous avons besoin d'air... et le vent n'est pas dangereux dans cette saison.

Le commis voyageur n'insista pas et se contenta de s'envelopper plus soigneusement dans son manteau. Au bout de quelques instants, il dit à la comtesse :

— Du moins, madame, ne me permettrez-vous

pas d'allumer un cigare pour combattre l'humidité de la nuit ?

La comtesse fit un geste d'impatience :

— Eh ! monsieur, répliqua-t-elle, nous avons si peu de temps à passer ensemble !... Dans une heure au plus, nous serons à Angers... Mon fils ne fume pas, et l'odeur du tabac serait capable de lui donner la migraine, ce qui, dans les circonstances actuelles, pourrait avoir de graves conséquences pour lui.

Le commis voyageur, malgré le sans-gêne qu'on attribue aux gens de sa profession, se tut encore et on put croire qu'il avait réussi à se rendormir.

Alors, Mme de Lacy et son fils, se croyant bien seuls avec la femme de confiance, se laissèrent aller insensiblement à élever la voix.

— Chère maman, disait Frédéric avec tristesse, l'assurance que vous montrez m'inquiète, et je voudrais que vous fussiez préparée à toute éventualité fâcheuse... Pour moi, j'ai dans l'idée que ce M P*** me sera fatal. Je l'ai vu, l'année dernière, pendant qu'il interrogeait les candidats; il a un abord glacial qui casse les bras aux plus hardis. Il m'inspire une telle frayeur, que je crains de ne pouvoir prononcer un mot en sa présence...

— Ne dis pas cela, mon Frédéric bien-aimé, répliqua la comtesse ; tu me déchires le cœur... Voyons ! tu es brave pourtant et tu as donné, en diverses occasions, des preuves de courage ; comment peux-tu te laisser intimider, toi, un de Lacy, par un homme de rien que tu ne regarderas plus dès que tu seras officier ? Courage ! mon cher enfant... Je me propose de voir, avant l'examen, ta bête noire de M P*** et de lui remettre en personne la lettre du colonel ; c'est pour cela que je me suis décidée à quitter notre tranquille demeure de la Rochette, dont je m'éloigne si rarement, tu le sais, depuis la mort de ton pauvre père. Je ne négligerai rien pour bien disposer l'examinateur, dussé-je me jeter à ses genoux...

— Oh ! maman, interrompit le jeune homme avec vivacité, j'espère bien que vous ne descendrez pas, vous, la veuve du général de Lacy, à des humiliations de ce genre ! Faites plutôt usage de ces séductions auxquelles si peu de personnes peuvent résister... Quant à supplier, quant à vous abaisser, je préférerais...Et pourtant, ajouta-t-il d'un ton dédaigneux, ne se pourrait-il pas que ce cuistre, tout frotté d'algèbre et de géométrie, demeurât absolument insensible à vos flatteries de femme du monde, à vos touchantes sollicitations de mère ? Il ne doit comprendre ni les unes ni les autres, et son âme a, je le suppose, toute la sécheresse, toute l'aridité de la table des logarithmes.

Ici le commis voyageur s'agita dans son coin, comme s'il était éveillé ou sur le point de s'éveiller ; la mère et le fils baissèrent de nouveau la voix.

Cependant on approchait du lieu de destination, et on avait dépassé la station qui précède Angers. Mme de Lacy et Frédéric, absorbés par leur causerie, ne semblaient pas s'en apercevoir ; mais la gouvernante, chargée de surveiller les bagages de ses maîtres, prenait certaines dispositions, tandis que le commis voyageur, de son côté se préparait à quitter le wagon quelques instants plus tard.

Il s'était levé et, quand il s'approcha de la lampe, son manteau s'entr'ouvrant permit de voir un homme dont la mise ne trahissait aucune de ces excentricités que l'on reproche parfois aux voyageurs du commerce. Le collet de son manteau empêchait de distinguer ses traits, mais l'aisance de ses mouvements, comme les paroles qu'il avait prononcées jusque-là, n'avaient rien de vulgaire.

Lui-même profitait de l'occasion pour observer ses voisins, et l'on eût dit qu'un sourire narquois se jouait sur ses lèvres. Or, en essayant de dégager un paquet qu'il avait mis dans le filet de la voiture, ce paquet lui échappa et tomba sur le pied de Mme de Lacy.

L'objet était très-léger et mou; cependant la comtesse, plutôt par surprise que par souffrance, poussa un petit cri.

— Maladroit! dit Frédéric avec colère.

Le commis voyageur ne parut pas avoir entendu cette offensante épithète et se confondit en excuses.

— Ce n'est rien, se hâta de dire la comtesse; j'ai eu plus de peur que de mal.

— N'importe ! reprit d'un ton rogue Frédéric

de Lacy, dont les nerfs étaient sans doute agacés ; on fait attention, que diable !

L'inconnu se redressa.

— Je me suis excusé autant que j'ai pu auprès de madame, répliqua-t-il d'un ton poli, mais ferme ; j'ose croire que je n'ai mérité aucun reproche. En revanche, je serais peut-être en droit de me plaindre...

— Vous pouvez vous plaindre, mon cher, interrompit le jeune homme avec impertinence ; je ne m'en soucie guère.

— Paix ! mon enfant, s'écria Mme de Lacy ; vas-tu te prendre de querelle avec ce... monsieur ?... Tu vois bien, ajouta-t-elle tout bas, mais sans s'inquiéter beaucoup d'être entendue, qu'il n'est pas de notre monde.

Le sourire railleur dont nous avons parlé reparut sur les lèvres de l'inconnu ; il se tut pourtant, car aussi bien le train s'arrêtait, et une voix criait au dehors : *Angers ! Angers !* On était arrivé.

Le commis voyageur, ou prétendu tel, laissa la mère et le fils descendre les premiers avec la gouvernante. Alors, ayant pris ce qui lui appartenait, il sauta à bas du wagon avec l'aisance que donne une longue habitude des chemins de fer.

Dans la gare, il vit de loin Mme de Lacy et Frédéric échanger des compliments avec des personnes de la ville venues au-devant d'eux. Pour lui, il se hâta de rejoindre deux messieurs qui avaient voyagé dans un autre compartiment, et dont un portait l'uniforme militaire.

Comme il allait sortir de la gare, il se sentit tirer par son manteau. Il se retourna : c'était Frédéric qui, ayant laissé sa mère en compagnie, s'était esquivé un moment.

— Monsieur, dit Frédéric avec précipitation, si vous n'êtes pas satisfait de ce qui s'est passé entre nous, je suis tout prêt à vous en rendre raison... Voici ma carte, sur laquelle je viens d'écrire mon adresse à Angers.

L'autre prit la carte et la glissa dans sa poche sans y jeter un coup d'œil. Le jeune de Lacy continua :

— Demain, dans la matinée, je serai fort occupé, sans doute ; mais, dans la soirée, je me tiendrai à vos ordres... Et votre carte, à vous?

— Jeune homme, reprit le voyageur d'un air

goguenard, je n'ai pas d'autre carte que celle de
« la maison » pour laquelle je voyage... Nous
nous reverrons demain... Nous nous reverrons,
je vous le promets.

Frédéric, blessé d'un pareil ton, allait riposter
avec vivacité, quand sa mère le rejoignit et le
saisit par le bras :

— Cruel enfant ! dit-elle, à quoi penses-tu ?
Ne t'avais-je pas prié de ne pas te compromettre
avec des gens de cette espèce ?

Et elle entraîna son fils, pendant que l'inconnu s'éloignait d'un autre côté avec ses deux compagnons.

Le lendemain, Mme de Lacy, qui avait reçu,
ainsi que son fils, l'hospitalité chez un haut fonctionnaire d'Angers, fut sur pied de bonne heure.
Elle était déjà en élégante toilette, et présentait
l'aspect d'une fort séduisante femme, dont un air
d'aménité et de distinction rehaussait les grâces
naturelles.

Frédéric, qui ne devait pas l'accompagner chez
l'examinateur, et qui se disposait à se rendre à
l'hôtel-de-ville pour les concours, vint embrasser
sa mère.

— Courage ! mon enfant chéri, lui dit-elle en souriant, tout marchera bien... Je vais voir M. P***, et je gage qu'il n'est pas aussi méchant qu'on le dit... Ne te laisse pas intimider, réponds hardiment... Aucune recommandation ne vaudra la présence d'esprit et le savoir.

Puis elle partit d'un pas allègre.

M. P*** devait être descendu dans un hôtel, où l'on avait retenu un appartement pour lui depuis plusieurs jours. La comtesse se hâta de s'y rendre, et quand elle se fut nommée, on l'introduisit dans un salon, en l'avertissant que M. P***, très-pressé, ne pourrait lui donner que quelques minutes.

Elle s'assit et attendit. Malgré l'assurance qu'elle avait montrée devant son fils, le cœur lui battait avec force. Enfin la porte s'ouvrit, et un homme vêtu de noir, en cravate blanche, portant plusieurs décorations à la boutonnière, entra dans le salon. C'était M. P***.

La comtesse se leva tremblante, tenant sa lettre de recommandation à la main.

— Monsieur, dit-elle sans oser regarder en face le célèbre examinateur, j'ai eu l'honneur de vous écrire à Orléans, et j'ai voulu me trouver moi-même à Angers pour vous remettre ceci. L'avenir de mon fils dépend de vous, et je vous prie à mains jointes...

Elle s'arrêta brusquement, son regard devint fixe. Bien qu'elle n'eût fait qu'entrevoir le voyageur du wagon, elle lui trouvait de la ressemblance avec la personne qui était devant elle. Le sourire malin de M. P*** acheva de changer ses doutes en certitude.

— Grand Dieu ! monsieur, s'écria-t-elle en pâlissant, nous nous sommes rencontrés déjà ; vous êtes...

— Je suis ce grossier et ce maladroit de commis voyageur, répliqua M. P*** avec ironie, cet homme qui n'est pas de votre monde, que M. Frédéric de Lacy a provoqué et contre lequel il veut se battre ce soir.... Je suis encore ce cuistre, tout frotté d'algèbre et de géométrie, dont l'âme est aussi aride que la table des logarithmes. Je suis...

Pendant qu'il parlait, la comtesse reculait avec effroi.

— Qu'ai-je fait ? balbutia-t-elle ; je suis maudite... et mon fils est perdu !

Elle tomba sans connaissance sur le plancher.

Quand elle reprit ses esprits, elle se trouva entourée des femmes de la maison. La mémoire lui revint bientôt, et elle s'informa de M. P*** ; on lui apprit qu'obligé de se rendre à l'hôtel de ville, il avait recommandé d'avoir de Mme de Lacy le plus grand soin. La comtesse était impatiente d'échapper à une curiosité importune ; d'ailleurs, elle voulait empêcher son fils de prendre part aux examens d'admission, convaincue d'avance qu'il échouerait dans sa tentative. Aussitôt donc qu'elle fut en état de marcher, elle retourna chez elle.

Malheureusement, Frédéric était parti aussi pour l'hôtel de ville, et la pauvre mère fut prise d'une nouvelle et poignante anxiété. Ne se pouvait-il pas que son fils, reconnaissant à son tour dans l'examinateur son compagnon de voyage de la veille, ne fît quelque éclat fâcheux, ou bien que, devant le mauvais vouloir évident de son juge, il ne se révoltât d'une façon scandaleuse ? Mais le mal était sans remède à cette heure, et il n'y avait plus qu'à attendre l'événement.

On comprendra les angoisses de Mme de Lacy pendant cette mortelle journée. Frédéric ne rentra que fort tard, épuisé de fatigue. La comtesse courut au-devant de lui et chercha avidement sur son visage l'expression de douleur et de colère qu'elle s'attendait à y rencontrer; Frédéric était rayonnant et souriait.

— Ah! chère maman, s'écria-t-il, combien il faut prendre garde aux sottes préventions! M. P*** est un excellent homme. J'étais d'abord tout interdit en sa présence, mais il m'a adressé les plus encourageantes paroles, si bien que je me suis senti complétement à l'aise et que j'ai subi les épreuves mieux encore que je ne l'espérais... C'est à vous sans doute que je dois cette indulgence et je vous en remercie de toute mon âme.

En même temps, il serrait sa mère dans ses bras avec transport.

— Que dis-tu, Frédéric? demanda la pauvre femme éperdue; M. P*** a-t-il vraiment...

— Il m'a montré tant de bon vouloir que je

me suis surpassé moi-même, je vous le répète. Il a commencé par me poser des questions assez faciles, auxquelles j'ai répondu sans hésiter. Peu à peu, il en est venu aux parties les plus ardues de l'examen et j'ai répondu avec un égal bonheur. Mon succès a été si complet, que les autres candidats présents n'ont pu s'empêcher d'applaudir avec enthousiasme. Tout le monde affirme que, non-seulement je serai admis à l'école, mais encore que je serai admis *à bon rang.*

— Et lui, M. P***, que t'a-t-il dit après ce brillant examen?

— Rien; vous comprenez, chère maman, que sa position officielle lui défendait de manifester... Mais il souriait d'une façon singulière.

— Ah! il souriait?... Pauvre enfant, je connais ce sourire... Frédéric, n'as-tu pas reconnu M. P*** pour l'avoir vu... tout récemment?

— Je ne m'explique pas...

— Malheureux étourdi, ne t'es-tu pas aperçu que M. P*** et le prétendu commis voyageur pour lequel nous nous sommes montrés si odieusement impolis dans la soirée d'hier, ne sont qu'une seule et même personne?

Elle raconta ce qui s'était passé le matin chez l'examinateur. A son tour, Frédéric éprouva une profonde consternation.

— Vous m'y faites penser, reprit-il, certaines intonations de sa voix m'avaient frappé... Je n'ai pu, la nuit dernière, voir les traits de notre compagnon de voyage ; l'obscurité et, d'autre part, ce manteau dont il se cachait la figure... Mais enfin, chère maman, pourquoi vous désoler si vite? La bienveillance que m'a témoignée M. P*** à l'examen ne prouve-t-elle pas qu'il ne nous garde nullement rancune ?

— Peut-être, mon Frédéric, cette bienveillance apparente a-t-elle pour but de cacher une vengeance sûre et secrète. Tu n'es pas admis encore, et nul ne sait quelle décision sera prise à ton égard !

— En effet, on connaîtra seulement le résultat de l'examen lorsque la liste officielle des admissions à l'école de Saint-Cyr sera publiée dans les journaux.

Ils restèrent un moment silencieux, comme s'ils n'osaient plus se communiquer leurs pensées.

— N'importe ! reprit enfin Mme de Lacy, je te dois, je me dois à moi-même de ne rien négliger pour tirer le meilleur parti de la situation... D'ailleurs, je veux, quel que puisse être le résultat de ma démarche, présenter mes excuses à un homme de mérite que j'ai sottement offensé... Demain matin je retournerai chez M. P***.

Mais, le lendemain, quand la comtesse se présenta à l'hôtel, elle apprit que M. P*** était parti, la nuit précédente, avec les autres membres de la commission, pour continuer sa tournée.

Il fallut attendre pendant deux mois entiers le résultat de l'examen. La mère et le fils, après avoir passé par des alternatives nombreuses de crainte et d'espérance, s'étaient décidés à ne plus prendre aucune information, à ne lire aucun journal. Retirés à leur château de la Rochette, ils vivaient sans communication avec le reste du monde, la comtesse surveillant ses fermiers et ses servantes, Frédéric chassant toute la journée.

Un matin, ils virent arriver leurs voisins de campagne, les uns à cheval, les autres en voiture, mais tous portant d'énormes bouquets pour la confection desquels ils avaient dévalisé leurs jardins.

— De quoi s'agit-il donc? demanda la comtesse.

— Ce n'est la fête de personne ici ! s'écria Frédéric.

—Ah ça ! vous n'avez donc pas lu le *Moniteur ?* dit un des assistants.

— Et l'*Union ?* ajouta un autre.

— Et le *Constitutionnel ?* s'écria un troisième.

En même temps, chacun exhiba son journal.

Frédéric de Lacy était reçu le *premier de la promotion* à l'école militaire de Saint-Cyr.

La mère et le fils se jetèrent, fous de joie, dans les bras l'un de l'autre.

Quinze jours plus tard, M. P*** était chez lui à Paris, quand on annonça la comtesse de Lacy et Frédéric. Le jeune homme portait déjà l'élégant uniforme de Saint-Cyr.

— Bon ! s'écria M. P*** en riant, j'avais oublié... Voilà le *major* de l'école qui vient demander raison à certain rustaud de commis voyageur !

— Ah! monsieur, dit la comtesse, les larmes aux yeux, quelle noble vengeance vous avez tirée de nous !... Vous êtes le meilleur, le plus généreux des hommes.

— C'est à votre indulgence, ajouta Frédéric pénétré, que je dois le rang honorable...

— Ne parlons pas de mon indulgence, répliqua M. P*** sèchement ; vous avez été admis le premier à l'école parce que, pour mes collègues comme pour moi, vous avez *piqué* la note la plus haute que nous puissions donner... Il n'y a pas indulgence, mais justice... Ah ! si vous aviez répondu tout de travers, avec quel plaisir, pour ma part, je vous aurais flanqué zéro ! Vous eussiez bien mérité cela, vous.. et vos complices !

M. P*** devint l'ami de toute la famille.

Frédéric de Lacy sera bientôt général de division, comme l'a été son père.

VIII

Le principe de Chérubini. — Mme Lafarge. — Souvenirs judiciaires. *L'Indulgence du jury* (Nouvelle).

Nous en sommes encore à nous demander si le lecteur s'intéresse assez aux choses et aux hommes de la littérature pour qu'il y ait opportunité à en parler plus longtemps. Néanmoins, le lecteur ne disant mot, nous nous croyons autorisé à interpréter son silence d'après le principe de Chérubini.

Chérubini, étant professeur au Conservatoire de musique, faisait subir un examen de piano et de chant à une jeune élève. La pauvre enfant s'escrimait de son mieux, jouait ses meilleurs morceaux, exécutait ses plus triomphantes roulades, ses plus superbes fioritures ; le *maestro* demeurait froid, impassible, ne prononçait pas une parole, ne manifestait par aucun signe son approbation ou sa désapprobation.

La petite, découragée, se mit à pleurer.

— *Perche* plourez-vous? demanda Chérubini avec son accent italien.

— Monsieur, répliqua l'élève, je fais tout ce que je peux ; je m'applique à jouer, à chanter et je ne sais pas si vous êtes content... Vous ne me dites rien.

— Eh! s'écria le maestro, si ze ne dis rien c'est que ze souis content... Si ze n'étais pas content, vous m'entendriez parler !

Donc, nous allons continuer de fouiller les archives de notre mémoire ; toutefois, dans ce chapitre, ce sont des souvenirs judiciaires plutôt que littéraires que nous devons évoquer.

Nous nous honorons d'avoir pour ami un homme de mérite supérieur, M. Z***, qui a pu savoir le dernier mot de bien des drames lugubres. Il a connu notamment la célèbre Mme Lafarge, et il semble avoir subi d'abord l'espèce de fascination que Marie Capelle exerçait sur tous ceux qui l'approchaient, fascination qui allait jusqu'à donner des doutes sur sa culpabilité... car elle était coupable.

A cet égard, qu'on me permette une digression.

Lorsque le procès Lafarge tint l'Europe entière en suspens, j'étais au nombre de ceux qui croyaient à l'innocence de cette femme étrange. L'éloquence entraînante de ses avocats, les affirmations de certains chimistes chargés de constater l'empoisonnement par l'arsenic, m'avaient fort impressionné, et, même après la condamnation, je voyais en Marie Capelle la victime d'une erreur judiciaire.

Quelques années plus tard, j'eus l'occasion de me renseigner d'une manière exacte sur ce point.

Je déjeunais en compagnie de deux amis de jeunesse. L'un était l'avocat Théodore Bac, qui, avant Mᵉ Lachaud, avait trouvé des accents chaleureux et pathétiques en faveur de l'accusée. L'autre était Gabriel A***, un spirituel journaliste, à qui tout promettait un brillant avenir et qui est mort malheureusement à la fleur de l'âge. Gabriel A***, à cette époque où chaque journal parisien n'avait pas, comme aujourd'hui, son *reporter* spécial, s'était trouvé presque seul chargé du compte rendu des audiences pendant le procès, et, convaincu pour son compte de l'innocence de Mme Lafarge, il avait agi le plus possible en ce sens sur l'opinion publique.

Personne donc ne pouvait mieux que mes deux amis, dont les rapports avec la prévenue avaient été fréquents, m'éclairer en pareil cas, et je leur dis :

— Répondez-moi en conscience... que dois-je penser de Mme Lafarge, dont j'ai été un des plus chauds partisans ?

Ils se regardèrent d'un air embarrassé. Gabriel A*** baissa les yeux et il rougit un peu, comme s'il avait honte d'une fâcheuse erreur. Théodore Bac me dit enfin en souriant :

— Pensez-en tout le mal que vous voudrez... et peut-être encore n'en penserez-vous pas assez.

Puis on changea de conversation.

Revenons à M. Z***.

Lorsque je lui demandai si, dans le cours de sa vie, il n'avait pas connu de ces faits dramatiques, rencontré de ces caractères vigoureusement trempés, qui servent de matière au roman : « Oui, répliqua-t-il, j'ai connu bien des choses et bien des hommes qui seraient dignes de fixer l'attention du public... Tenez, je me souviens d'une histoire terrible où se révèle un de ces caractères énergiques dont vous parlez; elle est, encore aujourd'hui, de notoriété dans le département où les faits se sont accomplis. Voulez-vous que je vous la conte ? »

On peut croire que j'acceptai cette offre avec empressement, et M. Z*** me fit le récit qui va suivre. Nous le reproduisons avec toute la fidélité possible, en rappelant au lecteur qu'il s'agit d'événements authentiques, dont il serait facile de vérifier l'exactitude. Du reste, la réalité a des caractères que la plus savante fiction ne saurait imiter.

L'INDULGENCE DU JURY.

Jean Veyrier (nous changeons à dessein les noms de nos personnages) comparut, vers l'année 1830, devant la cour d'assises de Tulle. Il avait commis des crimes horribles pour lesquels l'avocat général, au nom du Code, réclamait la peine de mort. Mais le jury, on ne sait pourquoi, admit des « circonstances atténuantes, » si bien que Jean Veyrier fut condamné aux travaux forcés à perpétuité et à la marque. Cette indulgence des jurés devait avoir des conséquences funestes.

Veyrier était un cultivateur aisé du village de X***, dans le Bas-Limousin. Homme robuste, déterminé, il passait pour un habile chasseur et un tireur adroit. Depuis sa condamnation, il manifestait beaucoup d'animosité contre deux personnes de son village, dont le témoignage lui avait été contraire : l'une était un nommé Crépin, cultivateur comme lui; l'autre un M. Lacarrière, bon bourgeois campagnard, de la plus placide nature. Le jour où il fut *marqué* sur la place publique du chef-lieu, il annonça du haut de l'échafaud qu'il se vengerait de ses deux ennemis et que rien ne l'empêcherait de les tuer dans un bref délai. Ces menaces, de la part d'un condamné, ne parurent être que de vaines rodomontades, et on ne s'en inquiéta pas.

On avait tort cependant. A quelque temps de là, Veyrier dut être conduit à pied, sous la garde de la gendarmerie, à une ville voisine. Chemin faisant, on s'arrêta dans une auberge pour se rafraîchir. Le prisonnier ne manquait pas d'argent et voulut régaler *ses* gendarmes, qui eurent la faiblesse d'accepter. Peut-être burent-ils plus que de raison; peut-être se relâchèrent-ils d'une rigoureuse surveillance; mais comment se défier d'un malheureux dont les poignets étaient retenus par de solides menottes de fer ? Or, à un moment donné, les menottes tombèrent comme par enchantement ; Jean Veyrier bouscula les gendarmes et leur dit en patois : « Bonsoir, les amis ; j'ai des affaires d'un autre côté. » Et il joua des jambes.

On essaya de le poursuivre ; mais il connaissait parfaitement le pays, il était aussi leste que vigoureux, et on dut renoncer à la poursuite.

Il ne tarda pas à donner de ses nouvelles. Quelques jours après, Crépin se trouvait dans les champs, faisant la moisson avec sa famille, quand Veyrier surgit tout à coup au milieu des blés. Il avait à la main un fusil double, et des pistolets étaient passés dans sa ceinture.

A sa vue, tout le monde poussa des cris d'effroi. Crépin tremblait de tous ses membres. Jean Veyrier cria d'un ton terrible :

— Crépin, je vais tenir ma promesse... Tu as deux minutes pour faire ta prière.

Les assistants se sauvèrent épouvantés. Crépin tomba à genoux et tendit les mains vers le scélérat.

— Grâce ! monsieur Jean, dit-il, ce n'est pas

moi qui... Je suis père de famille... Je vous expliquerai...

— C'est inutile... Tu ne veux pas faire ta prière?... Tiens! donc.

Deux coups de fusil partirent presque simultanément, et Crépin fut comme foudroyé.

Après s'être assuré qu'il était bien mort, Veyrier se retira lentement, en criant à ceux qui fuyaient :

— A présent, c'est le tour de M. Lacarrière... Je ne le manquerai pas plus que je n'ai manqué celui-ci... A bientôt !

On s'imaginera aisément l'émotion que causa cet assassinat audacieux, accompli en plein jour, en présence de tant de personnes.

M. Lacarrière, bien convaincu que le malfaiteur ne négligerait rien pour exécuter ses menaces, n'osait plus sortir. Un gendarme veillait sur lui, et ne le quittait pas plus que son ombre. Le pays entier était en rumeur. On comptait d'une minute à l'autre voir reparaître le redoutable bandit, armé jusqu'aux dents, pour se venger de ceux qui, à un titre quelconque, avaient encouru sa colère.

La force armée faisait des battues continuelles

autour du village, habité par la plupart des témoins du procès. Jean Veyrier se cachait certainement dans les environs, mais restait insaisissable. Sans doute on l'avertissait d'avance de ce qui se tramait contre lui, et il échappait à toutes les recherches.

Deux mois se passèrent. Le pauvre M. Lacarrière, toujours gardé par un gendarme, en proie à des insomnies et à des angoisses incessantes, maigrissait, n'avait plus que le souffle. Il savait, en effet, que son ennemi mortel continuait de rôder autour de lui, comme un loup affamé autour d'un mouton. Jean Veyrier, enhardi par ses succès, ne craignait plus de se montrer chaque soir, tantôt sur un point, tantôt sur un autre du voisinage. Il entrait chez les paysans, se faisait servir à boire et à manger, en menaçant de ses armes. Le repas fini, il payait d'une manière généreuse, car, ainsi que nous l'avons dit, l'argent ne lui manquait pas, et après avoir annoncé qu'il punirait impitoyablement toute trahison, il se retirait avec tranquillité.

L'autorité, pourtant, ne restait pas inactive et cherchait sans relâche une piste qui lui permît d'atteindre l'effronté scélérat. Elle crut enfin l'avoir trouvée.

Jean Veyrier était grand fumeur; les gens qui le rencontraient, comme ceux qui recevaient, contre leur gré, ses visites, assuraient qu'il avait constamment aux lèvres une pipe allumée. Comment donc, depuis deux mois, se procurait-il du tabac? On prit des informations, et on sut qu'un facteur rural, un *piéton*, comme on appelait ces humbles fonctionnaires, faisait fréquemment des acquisitions de tabac dans une bourgade voisine, bien qu'il ne fût pas fumeur lui-même. On l'épia, et on acquit la certitude qu'il opérait ces acquisitions pour le compte de Jean Veyrier, que, dans ses allées et venues à travers la campagne, il approvisionnait de tabac.

Ce point connu, on ne manquait pas de moyens d'action sur le facteur rural. On le circonvint; on le menaça de destitution et même de poursuites comme complice de Jean Veyrier; on finit par lui proposer une forte récompense s'il favorisait la prise du malfaiteur, et on réussit à lui arracher un consentement.

La tâche était difficile et périlleuse. Les rendez-vous avaient toujours lieu dans des endroits déserts et qui changeaient chaque fois. Jean Veyrier n'y venait qu'avec son arsenal habituel d'armes à feu, et en témoignant d'une extrême défiance. Il avait averti le facteur qu'à la première apparence de trahison, il lui brûlerait la cervelle, et on était certain qu'il tiendrait parole. Il fallait donc user des plus grandes précautions, la mort du facteur rural et celle des autres personnes qui devaient concourir à l'entreprise pouvant être le résultat de la moindre maladresse.

Malgré ces difficultés et ces dangers, on convint d'un plan qui semblait devoir parer à tout. On indiqua au facteur le rôle qu'il devait remplir ; on ne négligea rien pour assurer le succès, et on s'occupa de l'exécution.

Un certain jour, le rendez-vous devait avoir lieu, de bon matin, sur un petit tertre isolé, dépourvu d'arbres et situé loin de toute habitation. Alentour, se trouvaient des bois et des broussailles, mais on ne pouvait approcher de cette espèce de monticule sans être aperçu. Du reste, il n'y avait là qu'un sentier étroit, où ne passaient pas deux personnes en vingt-quatre heures, et l'on ne redoutait pas beaucoup la rencontre fortuite d'un pâtre ou d'une bergère.

Bien longtemps avant le jour, un grand nombre de gendarmes à pied et à cheval s'étaient postés en silence dans les bois environnants, afin de pouvoir cerner le monticule à un signal donné. Ces dispositions prises, chacun se tint dans sa cachette, et on attendit.

Le soleil venait de se lever et une légère brume couvrait encore la terre, quand le facteur rural, revêtu de sa blouse à collet rouge, son petit sac de dépêches suspendu en bandoulière, se dirigea vers le tertre à pas paisibles. C'était l'heure ordinaire de sa tournée; il n'y avait rien d'insolite dans ses allures, et on eût dit qu'il allait à son service, sans préoccupation d'aucune sorte.

Au moment où il atteignait le sommet du tertre, une autre forme humaine apparut tout à coup à côté de lui. D'où sortait-elle? Il était difficile de le dire ; mais ceux qui connaissaient Jean Veyrier n'eurent aucune peine à le reconnaître malgré la distance.

Les deux hommes s'abordèrent comme de bons amis ; quoique le brigand fût toujours armé de son fusil double et de ses pistolets, le piéton ne montra ni étonnement ni frayeur.

— Bonjour, Jean, lui dit-il. Est-ce que je suis en retard?... Notre directrice n'en finissait pas ce matin.

— M'apportes-tu du tabac? demanda Veyrier avec empressement.

— Sans doute... Tiens!... (Et le facteur lui remit un paquet au timbre de la régie.) Ce n'est pas tout, ajouta-t-il en tirant une bouteille de son sac de cuir, voici quelque chose que nous allons boire pour nous réchauffer.

— De l'eau-de-vie? demanda Jean Veyrier, dont la défiance était excitée déjà.

— Non, non, tout bonnement une bouteille de *bouché*, que j'ai prise en passant chez la mère Riclat... C'est comme un velours sur l'estomac... Tu vas voir!

— A la bonne heure!

Ils s'assirent sur la fougère. Chacun donna une accolade à la bouteille et on se mit à causer des nouvelles du pays.

Pendant cette conversation, Jean Veyrier tenait son fusil en travers sur ses genoux; mais, selon son habitude, il avait allumé sa pipe de terre et faisait largement honneur au tabac qu'on venait d'apporter.

Le facteur finit par lui dire :

— Quel diable de plaisir peux-tu trouver à souffler ainsi de la fumée? Je n'ai jamais fumé, moi.

— Que veux-tu!... L'habitude... Je ne saurais me passer de tabac... J'aime ça!

— Pardi! tu me donnes envie d'en essayer... Prête-moi donc ta pipe un instant... On dit que ça chasse le brouillard!

Veyrier, sans défiance, céda au désir du piéton et peut-être voulait-il rire des grimaces que cette première tentative allait arracher à son ami. Celui-ci prit gauchement la pipe, la mit à sa bouche et en tira quelques gorgées.

L'effet fut aussi rapide que violent. L'apprenti fumeur éprouva une quinte de toux convulsive, fit un mouvement brusque, et la pipe fut brisée en mille morceaux.

A la vue de cet accident, Jean Veyrier entra en fureur. Il accabla le piéton d'injures et fut sur le point de le battre.

— Allons ! allons ! Jean, reprit l'autre dès qu'il fut en état de parler, voilà bien du bruit pour une méchante pipe qui, toute neuve, a coûté deux sous... et qui servait depuis longtemps !

— Mais, gredin ! ne sais-tu pas que les plus vieilles sont les meilleures ?... Et puis, je n'en ai pas d'autre.

— Demain, je t'en apporterai une demi-douzaine que je paierai de ma poche, s'il le faut.

— Demain ! et comment fumerai-je jusque-là ? Je ne pourrai jamais me passer de fumer pendant vingt-quatre heures... C'est ma seule distraction, mon seul plaisir !

— Alors il n'y a qu'un moyen... Attends-moi ici, et je courrai au village où je t'achèterai toute une provision de pipes... Il ne me faudra pas plus d'une demi-heure pour aller et venir, je te le promets.

Et il se leva résolûment. Le brigand lui jeta des regards sombres, pleins de soupçon.

— Tu veux me quitter ? dit-il.

— Mon Dieu ! mon pauvre Jean, répliqua le piéton, qui pourtant tremblait un peu, comme tu deviens hargneux ! Tu prends ombrage de tout...

Ce que j'en fais, c'est pour t'obliger, que diable ! Si tu n'as plus confiance, il faut le dire... Tiens, je te laisse en gage mon sac de dépêches ; tu seras sûr comme ça que je reviendrai bientôt... car le service de la poste ne doit pas souffrir, tu sais !

C'était une garantie ; néanmoins, Jean Veyrier continuait de jeter des regards soupçonneux sur le facteur. Évidemment il se demandait si ce brusque départ, quoique tout naturel en apparence, ne cachait pas une trahison, et s'il devait le permettre. La passion de fumer, la crainte de se trouver privé pendant une journée entière de son plaisir favori, l'emportèrent pourtant sur les autres considérations, et il demeura immobile, tandis que son compagnon s'éloignait, en affectant un calme qu'il était loin d'éprouver.

Le facteur n'avait pas fait cinquante pas, que la scène changea brusquement. Autour du tertre où était resté le bandit, s'éleva un bruissement sourd ; de chaque cépée, de chaque buisson, sortirent des gendarmes à pied et à cheval. Ils formaient un cercle continu, et tous avaient à la main un sabre qui brillait au soleil ou une carabine prête à faire feu. Par un mouvement spontané, ils s'élancèrent sur Jean Veyrier.

Celui-ci, se voyant cerné, comprit tout et ne songea d'abord qu'à se venger du traître.

— Ah ! coquin, cria-t-il au facteur qui maintenant fuyait à toutes jambes, c'est toi qui m'as vendu !

Et il lui envoya un coup de fusil. Par bonheur, le pauvre homme se trouvait à une grande distance déjà et ne fut pas atteint.

Veyrier n'eut pas le temps de renouveler sa tentative, car il avait à se défendre. Un des gendarmes marchait resolûment sur lui ; le brigand attendit qu'il fût à bonne portée et le tua raide de son second coup. En revanche, il reçut une balle de carabine qui lui cassa le bras droit.

Il laissa tomber son fusil, devenu inutile, et malgré l'horrible souffrance que devait lui causer sa blessure, il prit de la main gauche un de ses pistolets. Le brigadier des gendarmes à cheval accourait au galop ; Jean Veyrier l'ajusta et tira, mais il n'atteignit que le cheval, qui s'abattit.

Ce fut son dernier exploit ; en un clin d'œil il

fut saisi, renversé, étroitement garrotté, malgré ses blasphèmes et sa résistance.

Ramené en prison, on lui donna des soins ; mais il devint nécessaire de couper le bras blessé, et la convalescence fut très-longue.

Enfin il se rétablit et put comparaître de nouveau devant la cour d'assises. Cette fois, le meurtre de Crépin et celui du gendarme interdisaient l'indulgence ; le jury trouva bon de ne pas admettre de circonstances atténuantes, et Jean Veyrier fut condamné à la peine de mort.

Pendant tout le procès, il n'avait cessé, avec sa jactance habituelle, de menacer les témoins, les gendarmes, le facteur rural qui l'avait fait prendre, sans oublier le pauvre père Lacarrière, qui commençait seulement à respirer dans son village ; mais, grâce à de minutieuses précautions, il ne réalisa pas ses menaces, et, le jour venu, on le conduisit au lieu du supplice, avec l'appareil ordinaire.

Sur l'échafaud, il annonça par signes qu'il voulait parler à la foule. On crut qu'il avait à faire quelque aveu important, qu'il avait quelque sentiment de repentir à exprimer, et on devint attentif.

Alors Jean Veyrier s'approcha de la balustrade et prononca textuellement en patois les paroles que voici :

— Vous autres, je vais mourir… Le diable sera bien attrapé ; il compte m'avoir tout entier et il me manquera un bras et la tête !

Une minute plus tard, la justice des hommes avait son cours.

IX

Le salon du peintre D***. — Artistes et gens du monde. — Le prince de Monaco.— Mandrin et le gouverneur de Bourg-en-Bresse. — Souvenirs du dernier conseiller au Parlement de Paris. — Le dîner de Parmentier à l'hôtel des Invalides.—L'enregistrement de trente millions. — *L'équipage du chien* (Nouvelle).

Vers 1844, les soirées du peintre D*** étaient fort à la mode dans le quartier Saint-Georges. Bien que sa vogue commençât à décliner, D*** avait eu ses jours de succès, et il réunissait chez lui, en compagnie de littérateurs et d'artistes éminents, des gens du monde appartenant à la plus haute société.

Le local pourtant n'était pas somptueux; il consistait dans le petit appartement et dans l'atelier assez exigu de l'artiste, situés au cinquième étage d'une maison de modeste apparence. Les soirs de réception, D*** accrochait, à la porte du palier, un humble quinquet ; il le préparait lui-même, ainsi que les autres lampes de l'éclairage intérieur, comme il en convenait sans peine, et cet éclairage laissait beaucoup à désirer. Il y avait pour rafraîchissements quelques maigres verres de sirop, qu'une unique bonne, en tablier blanc, promenait par intervalles sur un plateau, avec une assiette de petits-fours. C'était tout, et on conviendra que ces apprêts n'étaient pas de nature à attirer une société d'élite.

Cependant, nous le répétons, il serait difficile de réunir une meilleure compagnie. Comment D*** s'y prenait-il ? D'abord, on faisait chez lui d'excellente musique ; puis, il avait un merveilleux entregent et surtout un esprit vif et malin, une verve méridionale, qui rendaient sa conversation des plus attrayantes. Enfin, les hommes et les femmes du monde qui montaient à son cinquième étage s'étaient habitués à considérer sa demeure comme un terrain neutre, où l'on avait une agréable liberté d'action et de parole.

Quant à lui, en recevant tant de personnes, il n'était sans doute ni aussi désintéressé, ni aussi naïf qu'on pouvait le croire. Nous avons dit que son atelier attenait à l'appartement, et, après chaque morceau de musique, en y venait respirer. Or, il se trouvait toujours que les lampes (ces lampes que D*** *faisait* lui-même), étaient disposées d'une façon savante pour mettre en relief ses tableaux non vendus. Si quelqu'un des riches amateurs qui fréquentaient la maison s'arrêtait pour examiner les peintures, D*** n'était jamais loin, afin de happer des compliments au passage, et aussi pour glisser un mot sur le bonheur qu'un ami judicieux des arts aurait à posséder ces chefs-d'œuvre.

Car D***, comme la plupart des artistes, avait la conviction qu'il ne produisait que des chefs-d'œuvre ; et, réellement , quand on a fréquenté tant soit peu les ateliers, on s'explique que peintres et sculpteurs conservent toujours si bonne opinion d'eux-mêmes. Chaque visiteur leur prodigue les compliments les plus emphatiques. S'il s'agit de peinture, Rubens et Raphaël ne sont que des rapins auprès d'eux, s'il s'agit de sculpture, Phidias et Michel-Ange ne leur viennent pas à la cheville. Comment la tête ne leur tournerait-elle pas? Comment ne seraient-ils pas grisés par la fumée de cet encens qu'on leur brûle incessamment sous le nez ? Aussi, à la suite de ces adulations continuelles, la fibre de l'orgueil devient-elle chez eux d'une irritabilité extrême, et quand la critique froide, sincère, impartiale, leur signifie de rudes vérités, ils crient à l'injustice et se posent en martyrs.

D***, pour son compte, avait pris tout à fait au sérieux les éloges des gens du monde habitués de son atelier, et avec d'autant plus de raison que plusieurs lui achetaient sa peinture à des prix très-élevés. Aussi, la louange qui lui paraissait tiède ou insuffisante l'irritait-elle autant que la critique.

Un de nos plus grands poëtes, étant venu voir un de ses tableaux, lui disait avec une urbanité parfaite, après un attentif examen :

— C'est une œuvre charmante, monsieur ; on dirait d'un tableau de Bonington.

— Bonington ! répliqua prestement D*** d'un ton piqué ; *mes amis* trouvent que c'est mieux.

Pourtant, le pauvre D***, au milieu de ses triomphes, éprouvait de fréquents déboires qui eussent dû lui rappeler le *quia pulvis es*.

Un ami commun avait parlé à Théophile Gautier de la peinture de D***, qu'il estimait beaucoup, et l'avait décidé à visiter l'artiste. D***, prévenu, mit de l'ordre chez lui pour recevoir le critique, étala ses meilleurs tableaux sous le meilleur jour, tourna contre le mur certaines esquisses dont il n'était pas suffisamment content, et après avoir veillé à tout, attendit avec sérénité.

A l'heure convenue, Gautier arrive, conduit par l'ami obligeant. Les présentations ont lieu, et D*** fait, avec son aisance habituelle, les honneurs de l'atelier. Il n'eut pas à les faire longtemps ; à peine Théophile Gautier avait-il jeté un coup d'œil sur les toiles disposées autour de lui, qu'il alla, sans rien dire, s'asseoir auprès d'une fenêtre, et commença de tambouriner sur la vitre avec ses doigts.

Le visage de D*** s'allongea outre mesure. L'ami essaya d'arranger les choses. Il se plaça tour à tour devant chaque tableau, et le loua sur le ton ordinaire, c'est-à-dire avec une exagération extrême. Gautier ne bougeait pas de la fenêtre et tambourinait toujours.

Las de tambouriner, il se leva, prit son chapeau et partit, sans avoir dit un mot de peinture en général et de la peinture de D*** en particulier.

D*** a passé le reste de sa vie à maudire Théophile ; il ne pardonna jamais à l'ami qui le lui avait amené.

La confiance qu'il avait dans son propre mérite, il l'avait aussi dans ses appréciations, même sur des choses fort étrangères à sa spécialité. Il s'était trouvé en rapport avec Victor Hugo, et lors de la représentation d'*Hernani*, ne s'avisa-t-il pas de découvrir, en compagnie de deux autres, que le fameux « monologue de Charles-Quint devant le tombeau de Charlemagne, » *faisait longueur*, et qu'il y avait nécessité absolue de le supprimer à la scène? Pleins de leur superbe idée, D*** et ses deux amis se rendirent gravement chez Victor Hugo pour lui remontrer combien cette suppression était indispensable. Nous ne savons pas ce que leur répondit l'illustre poëte, mais il y a tout lieu de croire qu'il les rembarra vertement, car le monologue est, selon nous, un des plus beaux morceaux de la langue française.

Nous avons dit que la musique était le principal attrait des soirées de D***. Les plus grands artistes du temps s'y faisaient entendre par intervalles ; mais il y avait un noyau de musiciens qui ne manquaient à aucune. Parmi ceux-là, nous citerons Goria, jeune pianiste alors en renom ; Vidal, premier violon à l'Opéra, et surtout le *maestro* Offenbach, qui n'avait pas encore inventé l'opérette et se contentait d'être un admirable violoncelliste. Avec de pareils éléments, la musique devait, en effet, être excellente, et les exécutants avaient pour auditeur assidu Castil-Blaze, l'éminent critique musical dont nous avons parlé déjà. Castil-Blaze exerçait alors une autorité souveraine en pareille matière, et lui-même ne dédaignait pas de chanter parfois, dans un coin, certaines chansonnettes en langue provençale, que, par bonheur pour elles, les dames ne comprenaient pas.

Parmi les gens du monde que l'on voyait chez D***, se trouvait la famille A. de Gasparin, dont le chef était alors ministre de l'agriculture et du commerce; le général baron de Feuchères, qui protestait par son honorabilité personnelle, contre certains bruits fâcheux répandus sur une personne pe son nom; le comte Charles d'Espagnac, propriétaire d'une des plus belles galeries de tableaux qu'il y eût à Paris dans ce temps-là, et son oncle, le comte Honoré d'Espagnac, ancien conseiller au parlement de Paris, un bon et charmant vieillard, sur lequel nous reviendrons.

Les journalistes, romanciers et auteurs dramatiques y étaient nombreux, et un jour que l'un d'eux venait faire une visite à D***, il rencontra dans le salon un monsieur, de bonne apparence, du reste, qui parlait d'un air assuré et que tous les assistants écoutaient avec respect. Nul n'osait l'interrompre, excepté un de ses amis qui l'avait accompagné et qui élevait de temps en temps quelque objection timide. D*** lui-même donnait l'exemple d'une déférence muette. L'homme de lettres, un peu étonné, prit place dans le cercle, après avoir serré la main du maître de la maison, et écouta en silence, comme les autres.

L'orateur parlait sur la littérature, et le nouveau venu, au bout de très-peu d'instants, remarqua force jugements faux, force opinions au moins hasardées, quoique le tout fût exprimé d'un ton magistral et n'admettant pas de réplique. Blessé dans ses convictions, l'homme de lettres crut devoir répliquer avec mesure, mais avec fermeté. On iposta, non sans quelque aigreur; la discussion s'échauffa, et bien qu'elle n'eût pas excédé les bornes d'une contestation entre gens de bonne compagnie, l'inconnu ne tarda pas à se lever, fit signe à son compagnon, et ils se retirèrent brusquement tous les deux, reconduits par D***, qui multipliait les compliments et les salutations.

L'homme de lettres se disposait à demander qui était ce personnage si susceptible, quand D*** rentra tout ému et le prit à part.

— Vraiment, mon cher, dit-il, vous êtes allé beaucoup trop loin... On ne parle pas à Son Altesse comme vous l'avez fait.

— Son Altesse?

— Oui, le prince qui était là tout à l'heure.

— Quel prince?

— Quoi! vous ne le connaissez pas?... C'est le prince régnant de Monaco.

C'était, en effet, le prince Florestan de Monaco, qui fréquentait la maison de D***. Bien qu'il exerçât alors la souveraineté et qu'il fût de plus pair de France, on prétendait qu'il avait eu antérieurement une existence assez aventureuse, et même qu'il avait été acteur dans une ville de province. Quoi qu'il en fût, le prince, à Paris, se montrait toujours accompagné de son ami Michaux, ancien sociétaire de la Comédie-Française.

L'homme de lettres ne parut nullement troublé par la qualité de son précédent interlocuteur, et comme D*** poursuivait ses plaintes et ses reproches au sujet de la scène qui venait d'avoir lieu, il dit d'un ton moqueur :

— Écoutez, mon cher D***, quand Son Altesse le prince parlera sur *l'art de gouverner les empires*, je m'inclinerai et je l'écouterai avec respect; mais quand il voudra parler de notre littérature, j'ai autant de droits que lui d'avoir une opinion, et je ferai valoir la mienne.

―――

Venons au comte Honoré d'Espagnac, alors âgé de plus de quatre-vingts ans, et qui, avec le président de la Chambre des pairs, sous Louis-Philippe, a été le dernier survivant des conseillers au Parlement de Paris.

Ce vénérable vieillard, dans sa longue carrière, avait pris part à des événements, fréquenté des hommes, qui ont exercé une importante influence sur l'ancienne société française.

Il était le troisième fils du baron d'Espagnac, qui, après avoir été aide de camp du maréchal de Saxe à la bataille de Fontenoy, mourut gouverneur de l'hôtel des Invalides, où l'on voit encore son tombeau. Il racontait, au sujet de son père, des anecdotes fort curieuses, notamment celle que nous allons répéter ; on l'a attribuée à une autre personne, mais nous pouvons affirmer de la manière la plus positive que M. d'Espagnac la donnait comme arrivée à son père.

Ayant été nommé gouverneur de la Bresse, le baron, qui s'était distingué à la prise de Prague et à Raucoux, quitta Lyon pour se rendre à Bourg, résidence de son gouvernement. Il voyageait en chaise de poste, avec un secrétaire et quelques domestiques, quand, à moitié chemin, il vit revenir tout effaré le postillon qui, suivant l'usage, précédait la voiture afin de faire préparer les relais. Ce postillon annonça que Mandrin, avec sa bande composée de deux ou trois cents hommes à cheval, interceptait la route à un quart de lieue plus loin, et que, si l'on ne revenait en arrière, on risquerait d'être massacré.

Le baron était très-brave, il l'avait prouvé maintes fois dans le cours de sa vie militaire; aussi ne fit-il que rire de l'alarmante nouvelle.

— Mandrin! s'écria-t-il, parbleu! voilà longtemps que j'ai envie de le voir... En avant donc et fouette cocher!

On le supplia de songer à quoi il s'exposait. Il

ne voulut rien entendre et réitéra l'ordre de continuer la marche.

L'alerte n'était pas vaine ; à peine avait-on fait un millier de pas, que l'on aperçut une troupe nombreuse de cavaliers, portant une espèce d'uniforme, bien armés et rangés avec ordre à droite et à gauche du chemin. On eût dit un régiment de cavalerie royale qui aurait fait halte en cet endroit.

Mandrin, comme l'on sait, n'était pas un simple détrousseur de grandes routes ; il en voulait plutôt au fisc et au trésor public qu'aux particuliers ; il réprimait sévèrement les excès isolés dont pouvaient se rendre coupables les coquins placés sous son commandement. Ce n'était à proprement parler qu'un contrebandier, pratiquant la contrebande à main armée, sur une large échelle. Souvent il envahissait tout à coup une petite ville avec sa bande, et occupait militairement tous les postes, de manière à rendre la résistance impossible ; puis, il vidait les caisses du fisc, remplaçait certaines marchandises qui avaient payé les droits par ses marchandises de contrebande, et se retirait, sans trop de dommages pour les bourgeois sinon pour l'Etat. Il y avait là sans doute de quoi justifier le supplice qu'il subit plus tard, mais les habitants du Forez et de la Bresse, où il exerçait ses exactions, ne lui étaient pas aussi contraires qu'on pourrait le croire, et on citait de lui certains traits qui le rendaient sympathique aux gens de la campagne.

Malgré tout cela, le baron d'Espagnac avait lieu de ne pas être rassuré. Comme l'on approchait de la double haie de cavaliers qui demeuraient immobiles, une voix forte et sonore donna un commandement; on entendit un bruit d'armes; toute la troupe venait de faire le salut militaire.

Un cavalier, de belle mine, âgé de vingt-cinq ans environ, richement vêtu et ayant tout à fait l'apparence d'un gentilhomme, s'avança au galop vers la voiture que, sur un signe de sa main, le postillon s'empressa d'arrêter. Il ôta son chapeau, se pencha à la portière et dit d'un ton de politesse :

— J'ai sans doute l'honneur de parler à M. le baron d'Espagnac, mestre-de-camp, et gouverneur de la Bresse?

— Oui, monsieur.

— Je suis Mandrin, reprit le cavalier en s'in-

clinant avec un léger sourire, et j'ai une faveur
à vous demander.

— Une faveur !

— Je vous serais très-reconnaissant de passer
mes gens en revue et de les faire manœuvrer
pendant quelques minutes... Ce serait beaucoup
d'honneur de la part d'un officier aussi renommé,
aussi expérimenté que vous.

Le baron hésita.

— Ma foi ! je veux bien, dit-il enfin tout haut;
d'ailleurs, pensait-il, je ne peux pas faire autrement.

Il descendit de voiture. Mandrin mit beaucoup
d'empressement à lui céder son cheval, excellent
genet d'Espagne qui paraissait plein de feu; pour
lui, il s'empara du cheval d'un de ses hommes et
se plaça modestement à la suite du baron, qui
avait déjà pris son parti de la nécessité présente.

La revue eut lieu dans toutes les règles. Le
baron parcourut au trot le front de la troupe, escorté du chef qui lui servait d'aide de camp, et
il put constater que les contrebandiers étaient
bien vêtus, bien équipés et supérieurement
montés. Il leur commanda des maniements

d'armes, des mouvements et des manœuvres. Nous ne saurions dire si ces exercices furent exécutés aussi bien que par un régiment du roi; mais le baron s'en montra satisfait et Mandrin était très-fier de cette approbation.

La revue terminée, il conduisit le gouverneur jusqu'à sa voiture.

— Mille grâces, monsieur le baron, dit-il en s'inclinant; je ne veux pas vous retarder davantage, abuser de votre complaisance. Vous pourrez témoigner de la bonne discipline de mes gens et de leur habileté à manier les armes... Merci, encore une fois, de l'honneur que vous avez daigné leur faire ainsi qu'à moi.

Il remonta sur son cheval et, pendant que la voiture se remettait en marche, tous les bandits, au commandement de leur chef, répétèrent le salut militaire.

Le gouverneur atteignit Bourg-en-Bresse sans autre incident. Quinze jours plus tard, arrivait à l'hôtel du gouvernement un gros ballot, adressé à Mme la baronne d'Espagnac. Ce ballot, qui avait été apporté par une personne inconnue, fut ouvert et on trouva qu'il contenait de magnifiques dentelles. Il n'était accompagné d'aucune lettre, d'aucune indication, mais on pouvait deviner sans peine de quelle part venait ce riche cadeau. La baronne, non plus que son mari, ne voulut l'accepter; et comme il n'existait aucun moyen de le restituer au donataire, on l'envoya aux couvents de Bourg, qui firent, avec ces dentelles superbes, des ornements sacerdotaux et des devants d'autel.

Tout cela n'empêcha pas que, peu d'années plus tard, Mandrin, trahi par une femme qu'il aimait, ne fût pris et rompu vif.

Le comte Honoré d'Espagnac parlait aussi fréquemment d'un dîner que son père, devenu gouverneur des Invalides, avait donné à un grand nombre de célébrités de l'époque. Ce dîner se composait uniquement de pommes de terre, arrangées de mille manières différentes, et avait pour but de vulgariser en France l'usage de cet excellent tubercule, contre lequel existaient de ridicules préventions. Bien que la pomme de terre fût connue depuis plusieurs années déjà, on prétendait qu'elle engendrait la lèpre et qu'elle devait seulement servir à la nourriture des bestiaux.

Parmentier, alors pharmacien en chef à l'hôtel des Invalides, luttait avec ardeur contre cet absurde préjugé. Il avait été plusieurs fois prisonnier dans le Hanovre et, pendant sa captivité, il s'était nourri à peu près exclusivement de pommes de terre. Il savait donc par sa propre expérience combien l'opinion populaire en France était mal fondée ; ce fut à son instigation que le gouverneur donna ce dîner où tout, depuis le potage jusqu'au dessert, consistait en pommes de terre et en produits de la pomme de terre.

Un prince du sang, des ambassadeurs étrangers, des ministres, la plupart des savants alors renommés, y assistèrent ainsi que Parmentier lui-même. Mais de tous ces illustres invités, celui qui frappa le plus le fils du gouverneur des Invalides fut Benjamin Franklin, qui se trouvait à Paris, et qui,

avec sa grande figure froide, ses cheveux non
poudrés, son habit brun sans boutons et son vaste
chapeau de quaker, présentait, en effet, une personnalité remarquable. Le grand homme américain
parut apprécier beaucoup la cuisine à la pomme de
terre; et tous les autres convives furent sans
doute de cet avis, car, à partir de ce jour, l'ancienne prévention disparut rapidement. On sait
de quelle importance est aujourd'hui le précieux
tubercule dans l'alimentation de la France,
comme du monde entier.

M. Honoré d'Espagnac, outre les souvenirs
qui concernaient son père, avait des souvenirs
personnels d'un très-réel intérêt. Après avoir
fait ses humanités au séminaire de Saint-Sulpice,
en compagnie de Latreille, qui fut plus tard le
plus grand de nos entomologistes, et auquel il

était lié par une secrète parenté, il occupa, malgré son extrême jeunesse, une charge de conseiller au Parlement de Paris (chambre des enquêtes). Il connaissait parfaitement les mœurs parlementaires de cette époque agitée, et contait avec esprit les piquantes anecdotes qui s'y rattachaient.

Il était présent à la séance de la cour, un jour qu'un cocher de fiacre fut condamné « au blâme. » Le « blâme du parlement » était jadis très-redouté et les délinquants le considéraient comme une peine sévère. Le président d'Aligre manda devant lui le malencontreux cocher, se couvrit de son mortier à galons d'or, et dit majestueusement :

— Cocher, la cour te blâme.

— Monsieur le président, demanda le cocher tout ahuri, cela m'empêchera-t-il de mener mon fiacre ?

— Non sans doute.

— En ce cas, je m'en... moque.

— Eh bien ! et moi aussi ! dit le président d'Aligre.

Quand un chef de cette haute et grave magis-

trature s'exprimait sur ce ton, n'était-ce pas que
l'antique institution menaçait ruine ?

Du reste, la Révolution ne tarda pas à éclater,
et le Parlement fut aboli. Quelques-uns des anciens conseillers émigrèrent ; ce furent les mieux
avisés, car ceux qui restèrent périrent en 93.
Honoré d'Espagnac ne quitta la France qu'à la
dernière extrémité et lorsque déjà il était porté
sur les listes de proscription. Latreille, qu'il
aimait beaucoup, venait d'être arrêté et conduit à Bordeaux, où, comme l'on sait, il fut sauvé
de la mort par l'intervention d'un représentant,
grand amateur d'entomologie, auquel il avait envoyé un insecte rare trouvé dans sa prison. Son
frère, l'abbé d'Espagnac, fut moins heureux.
L'abbé, qui était un habile financier, avait racheté
toutes les actions de la Compagnie des Indes, valant une trentaine de millions. Détenu à la Conciergerie comme aristocrate, il fut, on ne sait trop
pourquoi, impliqué dans le procès des Hébertistes
et exécuté avec eux. Le gouvernement révolutionnaire avait saisi ses trente millions ; aussi, pendant que l'abbé était tristement cahoté dans la
fatale charrette, disait-il tout haut :

— La Convention paye une fameuse lettre de change aujourd'hui !

Cependant Honoré d'Espagnac, revenu de l'émigration où il avait subi des tribulations cruelles, conçut la pensée de revendiquer la riche succession de son frère l'abbé, dont, par suite de certains arrangements de famille, il se trouvait seul héritier. Il entama donc une instance judiciaire ; mais, lorsqu'il voulut faire enregistrer sa créance, le receveur des Domaines lui réclama un droit proportionnel de quinze cent mille francs.

Cette somme énorme, il ne l'avait pas, et s'il l'avait eue, peut-être eût-il hésité à la risquer sur une éventualité douteuse. Il proposa de payer le droit quand il serait rentré dans les trente millions, mais on ne fit que rire de sa demande, et on refusa d'enregistrer la créance.

L'idée lui vint de s'adresser au comte Roy, qui était alors ministre des finances, et qui avait été jadis avocat au Parlement. Le ministre le reçut fort bien, et, après avoir pris connaissance de l'affaire, dit au solliciteur :

— Le receveur s'est trompé dans l'évaluation du coût de cet enregistrement. Vous lui direz de ma part que l'acte ne doit pas être considéré comme une créance ordinaire, avec droit de 5 pour 100, mais comme... (Ici le ministre donna à l'acte une dénomination spéciale que nous ignorons.)

— Et combien coûtera l'enregistrement sous cette nouvelle forme? demanda M. d'Espagnac.

— Ma foi! cela pourra bien coûter... *un petit écu*.

De quinze cent mille francs tomber à un petit écu ! O fisc, voilà de tes coups !

Du reste, le petit écu fut perdu comme le reste ; une loi, établie sous le gouvernement précédent, avait confisqué à tout jamais les actions de l'ancienne Compagnie des Indes.

On voit, par cet aperçu des personnes qui se réunissaient chez le peintre D***, que la conversation devait y avoir des allures intéressantes et de bonne compagnie. Une justice à rendre à D***, c'est qu'il était lui-même fort spirituel et d'excellent ton. Seulement il avait l'humeur mordante et s'abandonnait volontiers à sa verve satirique. A la suite des soirées, quand les invités principaux étaient partis, quelques intimes formaient dans le salon un petit cercle où l'on ne se gênait pas, le maître de la maison en tête, pour dénigrer les absents, et il y avait là des langues merveilleusement affilées.

Un soir que les habitués s'en étaient ainsi donné plus qu'à l'ordinaire, personne n'osait se retirer, quoique l'heure fût avancée. Chaque assistant sentait fort bien que celui qui partirait le premier serait déchiré à belles dents par ceux qui restaient. On se regardait donc avec défiance et personne n'osait bouger.

Le joyeux pianiste Goria se leva tout à coup.

— Tenez, dit-il, je fais une motion... Partons tous ensemble, et nous nous séparerons à la porte.

On applaudit en riant et la proposition fut acceptée.

Le peintre D*** recevait des gens de toutes les

opinions. Pourvu que l'on eût quelque valeur personnelle, les manières d'un homme du monde, on trouvait chez lui bon accueil; et sa demeure, nous l'avons dit, était une sorte de terrain neutre, où les lettres et les arts de toutes les écoles, comme les idées politiques de toutes les nuances, se donnaient la main.

On rencontrait souvent chez lui un jeune homme riche et de bonne famille, qui s'appelait Arthur F***. Malgré son parentage, Arthur, presque au sortir du collége, avait pris part aux mouvements insurrectionnels qui éclatèrent durant les premières années du règne de Louis-Philippe, si bien qu'il s'était vu dans l'obligation de quitter la France pour quelque temps. A la suite de ces voyages forcés, il avait obtenu de rentrer au foyer paternel; mais, quoique l'expérience acquise l'eût rendu plus réservé, il conservait certaines opinions qui effrayaient parfois les amis aristocratiques de la maison D***.

Or, à cette époque, Arthur eut à Paris une aventure qui fit grand bruit et que nous allons raconter sous forme de nouvelle.

L'ÉQUIPAGE DU CHIEN

Arthur F***, malgré ses idées égalitaires, menait la vie d'un jeune homme riche et mondain. Il se rendait notamment chaque jour à un manége des Champs-Elysées, où il prenait un cheval pour faire un tour au bois de Boulogne, après quoi il rentrait chez lui à pied, en flânant et en lorgnant les belles.

Un jour qu'il venait de faire sa promenade ordinaire, il eut fantaisie de s'arrêter à un café du Rond-Point, pour se reposer et fumer un cigare.

Cette partie des Champs-Elysées n'avait pas alors

la même physionomie qu'aujourd'hui. Le bâtiment de l'Exposition n'existait pas et, à sa place, s'étendait un espace nu que l'on appelait le *carré des fêtes*. De même, les plantations d'arbustes exotiques, les gazons, les bassins de marbre, les eaux jaillissantes, n'étaient même pas encore en projet; et on n'apercevait, dans toutes les directions, que de monotones quinconces, traversés magistralement par l'avenue centrale.

Arthur, assis sous une tente à la porte du café, achevait son cigare, quand une circonstance particulière attira son attention.

Une belle voiture de maître, avec cocher et valet de pied en livrée, attelée de deux chevaux qui, quoique vieux peut-être, ne manquaient pas de prestance, fit halte devant le café. On jugeait, à la poussière dont elle était couverte, qu'elle revenait du bois de Boulogne, et sans doute les personnes qu'elle contenait désiraient prendre quelque rafraîchissement.

En effet, à peine l'attelage se fut-il arrêté, que le valet de pied descendit de son siége, et entra dans la maison. Au bout d'une minute, il reparut, portant sur un plateau un verre d'eau sucrée dont il agitait la cuiller pour opérer le mélange. Il ouvrit la portière et présenta le verre à quelqu'un qui occupait le fond de la voiture.

Arthur, poussé par une curiosité machinale, se pencha en avant, dans l'espoir peut-être que le modeste rafraîchissement était destiné à quelque jeune et jolie personne. Que l'on juge de son étonnement, de son indignation ! Il n'y avait dans la voiture qu'une vieille chienne griffonne, aux yeux chassieux, au poil rongé çà et là, qui était couchée sur un coussin de caoutchouc à la place d'honneur. La chienne lappa le verre d'eau, lécha les bords ; après quoi, le domestique lui passa doucement la main sur le dos, et referma la portière. Une minute plus tard, la voiture repartait et descendait la grande avenue.

Tous les instincts humanitaires d'Arthur s'étaient révoltés à la vue de cette scène et, quoiqu'il eût gardé le silence, il se disait à lui-même :

— Peut-on pousser à ce point l'amour stupide pour les animaux, le mépris pour la dignité humaine ! Il y a quelque part un riche imbécile qui met une voiture, deux chevaux et deux hommes au service d'une bête rogneuse !... N'est-ce pas la plus ridicule, la plus révoltante aberration !

Néanmoins, après s'être bien indigné, il n'y pensa plus et retourna chez lui.

Il avait à peu près oublié cette aventure, quand, deux jours plus tard, comme il se trouvait encore au café du Rond-Point, elle se reproduisit d'une manière identique.

Cette fois, Arthur F*** ne put y tenir. Il quitta brusquement sa place, et, s'avançant vers le valet de pied, qui faisait prendre à la vieille griffonne le verre d'eau habituel, il lui dit avec colère :

— N'avez-vous pas de honte et vous respectez-vous si peu vous-même ? Comment des hommes consentent-ils à servir une laide et sotte bête telle que celle-ci?... Vous devriez rougir !

Le valet de pied, qui était un grand et solide gaillard, bien rasé, à cravate blanche, admirablement cambré dans sa livrée élégante, parut d'abord vouloir riposter vertement à cette apostrophe inattendue. Mais, ayant reconnu avec le tact d'un valet de bonne maison qu'il avait affaire à un homme du monde, il se contenta de répliquer avec froideur :

— Qu'est-ce que cela vous fait à vous, monsieur ? J'exécute les ordres de mes maîtres.

— Il est des ordres tellement déshonorants, qui ravalent tellement l'espèce humaine... Comment s'appellent les maîtres capables de donner de pareils ordres ? Je serais curieux de le savoir.

— Avec votre permission, monsieur, cela ne vous regarde pas.... et laissez-moi tranquille.

— Insolent !

Arthur voulait se jeter sur le domestique ; mais il réfléchit à propos qu'il ne serait peut-être pas le plus fort, sans compter que le cocher commençait à s'agiter sur son siége en brandissant son énorme fouet. Il n'était pas jusqu'à la chienne de la voiture, qui, au bruit de cette altercation, n'eût montré à la portière sa tête intelligente et ne fît entendre un grognement sourd, comme pour protester en faveur de son ami le valet de pied.

En revanche, les garçons de café, qui depuis longtemps se sentaient humiliés de servir une semblable clientèle, et même plusieurs des consommateurs présents, semblèrent disposés à soutenir Arthur.

— Bon d'obéir aux hommes, disait le garçon qui apportait habituellement le verre ; mais aux bêtes !... Ce serait à « rendre son tablier », si l'on en avait les moyens !

— Sacrebleu ! s'écria un consommateur à grosse moustache, ce chien en voiture, qui vient boire de l'eau sucrée ici, est un véritable scandale, et si les journaux le savaient... Que diable font donc les journaux ?

— C'est vraiment une abomination, une infamie ! ajoutèrent plusieurs autres voix ; il y a des gens riches qui n'ont pas de conscience.

La rumeur se propagea dans tout le café et prit des allures menaçantes. Le valet de pied finit par s'effrayer de cette réprobation à peu près universelle, et, après avoir payé la dépense, il regagna son siége au plus vite.

Arthur s'approcha et lui dit d'un ton à la fois ferme et railleur :

— Vous voyez, l'ami, qu'il sera prudent désormais pour votre patron à quatre pattes de porter sa pratique autre part. Quant à moi, chaque fois que je me trouverai ici, je m'opposerai... Dites-le bien à vos maîtres ; et si, parmi eux, il en est qui trouvent que j'ai tort, je suis prêt à leur répondre... Voici mon nom et mon adresse.

En même temps il présenta sa carte au valet.

— Que voulez-vous que je fasse de ça ? répliqua le domestique avec humeur.

— Cette carte n'est pas pour vous, je vous le répète, elle est pour vos maîtres ; et, s'il y a parmi eux un homme de cœur...

Le valet se détourna en silence. Ne voulant pas en avoir le démenti, Arthur prit plusieurs cartes qu'il lança par la portière dans la voiture, ce qui excita quelques faibles aboiements ; mais au même instant les chevaux partirent et l'équipage s'éloigna, poursuivi par des huées et des menaces.

Le lendemain matin, à son lever, Arthur F*** recevait un billet, sur papier armorié, que l'on venait d'apporter. Ce billet, d'une écriture tremblée et vieillotte, contenait ceci :

Le marquis de Saint-Gratien invite M. Arthur F*** de vouloir bien se rendre, aussitôt qu'il en aura le loisir, rue de l'Université, n°.... Le marquis se serait empressé d'aller lui-même chez M. Arthur F*** si son grand âge et son état de souffrance lui avaient permis de le faire.

Saint-Gratien.

— Allons! dit Arthur, voilà le propriétaire du chien qui répond à mon défi !... Ce n'est peut-être qu'un original... Nous verrons bien.

A l'heure des visites, il se rendit à l'adresse indiquée, rue de l'Université. La demeure du marquis était un vieil hôtel, situé entre cour et jardin, où tout semblait froid, triste et solennel.

Arthur fut reçu par un valet qu'il reconnut aussitôt : c'était le solide gaillard qui, la veille, accompagnait la voiture. Le valet sembla le voir pour la première fois; seulement, dès que le visiteur eut présenté sa carte, il répondit en pinçant les lèvres :

— Je vais prevenir M. le marquis et Mme la marquise.

Et il passa dans une pièce voisine.

— Ah! il y a une marquise ! murmura Arthur; diable! je vais peut-être avoir affaire à forte partie.

Le domestique ne tarda pas à revenir le chercher et l'introduisit dans un vaste salon où tout était vieux, noir et triste comme dans le reste de l'hôtel. D'épaisses draperies, à demi baissées devant les fenêtres, n'y laissaient pénétrer qu'un jour insuffisant. A peine pouvait-on juger que le mobilier, quoique de forme surannée, avait dû être magnifique autrefois.

Arthur ne tarda pas à distinguer les maîtres du logis. Eux aussi étaient vieux et à l'antique mode. Assis de chaque côté de la cheminée, dans de grands fauteuils à la Voltaire, ils semblaient passer de longues heures en face l'un de l'autre. Le mari, enveloppé dans une robe de chambre en molleton blanc, allongeait sur un tabouret une de ses jambes empaquetée de flanelle. Il avait le teint jaune, les joues creuses, le front chauve, bien que ses yeux, abrités de lunettes rondes, brillassent parfois d'un éclair de volonté. La marquise était une petite vieille grassouillette, à visage doux et placide, vêtue d'une ample robe de soie noire et coiffée d'un bonnet de dentelle à barbes pendantes. Elle tricotait de la laine à l'intention des pauvres du voisinage, tandis que le marquis lisait des livres et des journaux déposés sur un guéridon à portée de sa main. Entre les deux vieux époux, sur un coussin de velours d'Utrecht, reposait la chienne griffonne qui avait été cause du scandale récent, et qui, à la vue de son persécuteur, fit entendre un grondement sourd, aussitôt réprimé par un signe de sa maîtresse.

Arthur était fort embarrassé de sa personne et craignait de n'avoir qu'un sot rôle à jouer dans cette affaire. Il eût beaucoup mieux aimé se trouver en face de quelque bruyant matamore que de ces deux paisibles vieillards. Aussi, après s'être incliné, restait-il immobile et interdit, sans songer à prendre le fauteuil que le domestique venait d'avancer.

Un gros rire du marquis attira son attention.

— Eh bien ! jeune homme, disait M. de Saint-Gratien avec un accent jovial, avez-vous apporté des armes afin d'exterminer les effrénés contempteurs de « la dignité humaine ? » Vous voyez que vous en aurez facilement raison... Ah ! il y a seulement vingt-cinq ans ce n'eût pas été ainsi !

Et le marquis essaya de se redresser, ce qui

lui causa une douleur de goutte assez vive pour changer son rire en gémissement.

La marquise, craignant que les paroles de son mari n'eussent offensé Arthur F***, dit, d'un ton d'aménité :

— Veuillez vous asseoir, monsieur, et je vous remercie de vous être dérangé pour venir... Vous nous aviez envoyé votre carte, ajouta-t-elle avec finesse, et c'eût été au marquis de vous faire visite si le marquis, comme moi, n'était hors d'état de sortir, même en voiture.

Arthur avait pris place, mais son malaise redoublait. Homme du monde, il sentait de plus en plus le ridicule de sa situation.

— Madame, balbutia-t-il; je regrette vivement... Si j'avais pu soupçonner... Vous conviendrez pourtant qu'avec les idées qui ont cours aujourd'hui, le spectacle de ce chien qui va en voiture au Bois et qui se fait servir dans un établissement public...

— Nous sommes des gens de l'ancien régime, nous autres, interrompit le marquis, et nous n'entendons rien aux idées nouvelles.

La marquise lui imposa silence par un mouvement de la main à la fois impérieux et caressant.

— J'avoue, monsieur, reprit-elle en s'adressant à Arthur, que le fait, au premier aspect, doit paraître singulier, bien qu'il s'explique d'une manière très-simple... Quand M. de Saint-Gratien et moi nous pouvons sortir en voiture, tout le monde se promène, les gens, les chevaux et le chien. Mais quand nous sommes retenus à la maison, comme en ce moment, le marquis par sa goutte, moi par mes douleurs névralgiques, faut-il donc que tout le monde soit condamné à la réclusion avec nous? Les chevaux tomberaient malades de rester à l'écurie, ce qui ne ferait pas le compte de Robin, notre cocher, qui tient à eux comme à ses enfants... D'autre part, voilà ma chienne Zerbine qui a besoin elle-même de grand air, enfermée qu'elle est toujours avec de pauvres malades...

— Et vous mettez publiquement deux hommes au service de... Zerbine, comme vous appelez cette bête! Convenez, madame, que j'ai bien pu, ainsi que d'autres, m'étonner, être scandalisé...

— Demandez à Jean, dit la marquise en se tournant vers le valet de pied qui demeurait près de la porte du salon afin de faire respecter la volonté de ses maîtres au besoin, demandez-lui s'il se sent humilié des soins qu'il donne à Zerbine... Il l'a élevée et il l'aime autant que nous l'aimons nous-mêmes.

Jean ne dit rien, mais approuva par une pantomime expressive l'affirmation de sa maîtresse.

— N'importe ! madame, reprit Arthur qui se croyait obligé de ne pas renoncer facilement à sa thèse, l'affection pour un animal, lorsqu'elle est poussée si loin, devient un sentiment exclusif et aveugle...

— Et si cette affection, monsieur, dit la marquise avec âme, n'était rien de plus que de la reconnaissance ?... Regardez cette pauvre bête, poursuivit-elle en désignant Zerbine qui reconnaissait qu'on parlait d'elle et relevait par moment sa tête intelligente; maintenant elle est vieille et cassée comme ses maîtres ; mais si, le marquis et moi, nous sommes encore de ce monde, si nous n'avons pas péri de la plus horrible, de la plus épouvantable des morts, c'est à elle que nous le devons... Vous plaît-il de m'écouter ?... Mon récit sera court.

Arthur s'inclina.

« — Il y a une dizaine d'années, poursuivit Mme de Saint-Gratien, je me promenais avec mon mari dans le parc de notre propriété de Vérilhac, en Auvergne... Nous pouvions marcher alors, ajouta-t-elle avec un léger sourire, et nous nous trouvions, accompagnés de Zerbine, dans un endroit écarté et solitaire, quand un bruit de clameurs tumultueuses arriva jusqu'à nous. Ne sachant ce que cela pouvait être, nous nous arrêtâmes et nous regardâmes de tous côtés.

« Bientôt, au tournant d'une avenue, nous vîmes déboucher une troupe de paysans armés de fourches, de bâtons et de fusils. Ils couraient et nous faisaient des signes que nous ne comprenions pas. Enfin, en portant les yeux plus près de nous, nous vîmes un chien énorme, au poil hérissé, à la langue pendante et à la gueule baveuse; il se dirigeait rapidement de notre côté et n'était plus qu'à une courte distance.

« Le fait s'expliquait de lui-même ; un chien enragé, poursuivi par les gens du pays, venait de pénétrer dans le parc et c'était nous qu'il menaçait en ce moment.

« Quand j'acquis cette certitude, je poussai un cri de terreur et je saisis M. de Saint-Gratien par le bras pour l'obliger de fuir avec moi. Néanmoins, l'émotion fut plus forte que ma volonté ; mes jambes fléchirent et je tombai à demi évanouie sur le sol.

« Le marquis voulut me porter secours ; mais il dut faire face à l'horrible bête qui continuait d'avancer. Il se plaça résolûment devant elle, afin de lui barrer le passage. Par malheur, il était sans armes et n'avait pas même un bâton, pas même une pierre, pour la repousser.

« En ce moment, Zerbine accourut. Vous n'ignorez pas, monsieur, l'horreur qu'un chien enragé inspire aux autres animaux de son espèce. Cette horreur est telle qu'on a vu d'énormes dogues fuir devant un misérable roquet pris de la rage. Un instinct particulier les avertit que le moindre contact avec la bête pestiférée peut être mortel pour eux. Aussi Zerbine, obéissant à cet instinct, avait elle commencé par battre en retraite, l'oreille basse et la queue entre les jambes ; mais, en voyant quels dangers couraient ses maîtres, elle surmonta sa frayeur, s'élança sur le chien étranger et l'attaqua intrépidement.

« La lutte fut assez longue ; le marquis et moi, nous étions dans l'impossibilité absolue d'intervenir.

« Quel horrible moment nous passâmes !

« C'est de ce jour que j'ai contracté la maladie nerveuse dont je souffre, dont sans doute je ne guérirai jamais.

« Enfin, les gens qui poursuivaient le chien arrivèrent, et un coup de fusil l'étendit roide mort.

« Après avoir échappé à ce péril, notre première pensée, au marquis et à moi, fut pour notre courageuse Zerbine. Elle était dans le plus pitoyable état et avait reçu plusieurs morsures ; déjà elle semblait avoir conscience du danger qu'elle pouvait faire courir à ceux qui l'approchaient et elle se tenait à l'écart, sans songer à nous prodiguer les caresses accoutumées.

« Les paysans voulaient la tuer sur l'heure, affirmant qu'elle n'échapperait pas elle-même à l'affreuse maladie ; mais nous refusâmes énergiquement d'y consentir. On la lava avec soin dans un ruisseau d'eau vive qui coulait près de là, on la mit dans un panier et on la transporta au château.

« Nous mandâmes, en toute hâte, le vétérinaire et aussi le médecin du pays. Mon mari annonça qu'il donnerait cent louis à celui des deux qui, en guérissant les blessures de Zerbine, empêcherait la rage de se déclarer. Tous les deux se mirent à l'œuvre, mais sans beaucoup d'espoir de succès et sans négliger, du reste, aucune des précautions exigées par les circonstances.

« La préservation de la rage, en pareil cas, a toujours été considérée comme impossible ; cependant, grâce à un miracle, unique peut-être dans l'histoire de la science, Zerbine fut sauvée, et, depuis cette époque, déjà ancienne, elle n'a éprouvé aucun symptôme de l'horrible mal.

« Par exemple, ajouta la marquise avec son fin sourire, nous n'avons jamais pu savoir si c'était le docteur ou si c'était le vétérinaire qui avait guéri la griffonne... Pour l'acquit de notre conscience, les cent louis ont été intégralement payés à l'un comme à l'autre.

« Maintenant, monsieur, vous connaissez les causes de notre sollicitude pour cette bonne et dévouée Zerbine. Outre le service qu'elle nous a rendu, elle est la compagne de nos souffrances ; elle est notre seule amie dans l'isolement de nos vieux jours... Blâmez-nous donc, si vous en avez encore le courage ! »

Arthur F*** avait écouté ce récit avec émotion. Il se pencha vers Zerbine et la flatta doucement de la main.

— Noble bête ! dit-il avec enthousiasme : elle a vaincu son instinct, et ce doit être là l'héroïsme chez les êtres d'espèce inférieure !

Zerbine, sans rancune, lécha la main qui la caressait.

Arthur se leva.

— Je vous remercie, madame la marquise, reprit-il avec politesse, des explications que vous avez bien voulu donner à un inconnu, explications qu'il n'avait pas le droit de réclamer et d'obtenir... Je comprends maintenant votre faiblesse à l'égard de cette bête admirable, et je vous demande pardon, je demande pardon à monsieur le marquis, pour ma sotte incartade d'hier. Désormais, au lieu d'ameuter les badauds contre votre voiture, je serai tout prêt à protéger...

— Il ne faut plus penser à ces promenades, répliqua la marquise en soupirant, à moins que M. de Saint-Gratien et moi nous ne puissions y prendre part. Du moment qu'elles deviennent une cause de scandale, Zerbine devra se borner à s'ébattre dans notre triste jardin... Adieu donc, monsieur; je devinais, par quelques mots de Jean, que, malgré vos procédés, vous deviez être un homme de cœur et d'intelligence..., et c'est pour cela que j'ai tenu à vous faire connaître la vérité.

— Oui, oui, dit le marquis, il paraît que « les idées nouvelles » ont encore un peu de cœur, et c'est plus que je n'osais espérer!

Arthur prit congé et se retira. Il contait lui-même l'aventure chez le peintre D***.

X

Les lettres anonymes et autres. — Les *imperfections* d'une jeune femme. — Magnanimité des médecins de Paris. —Révélation au sujet des *Chauffeurs*. — Le roman et la réalité.— Ce qu'est devenu le chef des brigands d'Orgères.

Le directeur d'un des principaux hôpitaux de Paris, disait à un romancier :

— Vous devez recevoir force lettres, anonymes ou non, pleines de faits baroques ou de propositions saugrenues ?

— Je le crois bien ! s'écria le romancier ; une fois, un journal ayant vanté, je ne sais à quel propos, mon obligeance, il me tomba, dans la semaine suivante, une vingtaine de lettres provenant de gens inconnus, qui tous demandaient à m'emprunter de l'argent. Je fis l'addition de ces sommes ; elles montaient à trente ou quarante mille francs ! Il m'est arrivé souvent, après la publication d'un roman purement imaginaire, de recevoir des lettres de gens affirmant que j'avais raconté leur propre histoire ; quelques-unes allaient jusqu'à me menacer pour mon indiscrétion. Oui, j'en conserve de signées ou non, de la France ou de l'étranger, un nombre considérable. Il y en a de spirituelles et d'absurdes, de flatteuses et de mordantes, de comiques et d'insolentes...

— Eh bien ! reprit le directeur, ne croyez pas que, vous autres, vous ayez seuls le privilége de ces correspondances forcées. Nous aussi, dans l'administration publique, nous recevons parfois des lettres bizarres... Et tenez, en voici une qui m'est arrivée de Londres, il n'y a pas longtemps. Lisez-la ; elle en vaut la peine.

En même temps, il tira d'un carton une lettre de forme élégante, sur papier satiné et ambré, avec chiffre en or et en couleur. On devinait tout d'abord qu'elle provenait d'une femme, et l'écriture fine, déliée, gracieuse, ne démentait pas cette supposition. Du reste, elle était signée Anna B***.

Nous ne commettrons pas l'indiscrétion de transcrire textuellement ici la lettre de Mme Anna B*** ; mais voici, aussi exactement que possible, ce qu'elle contenait :

Monsieur le directeur,

Je suis Française et née à Paris, mais j'ai épousé un Anglais et j'habite Londres, où mon mari occupe un rang convenable. Nous nous aimons beaucoup et, quoique nous n'ayons pas encore d'enfant, rien ne manquerait à notre bonheur, si une *imperfection* de ma personne ne me causait un vif chagrin et ne me faisait craindre de perdre tôt ou tard la tendresse de mon mari...

Ici la jeune Française, avec toutes les pudeurs et toutes les hésitations d'une Anglaise pur sang, cherchait force détours et périphrases pour expliquer de quelle « imperfection » il s'agissait. Elle en venait à faire entendre qu'elle était fort maigre de la poitrine et qu'un peu d'embonpoint à cette place mettrait le comble à ses désirs.

Cet aveu lâché, non sans effort, elle poursuivait dans un langage plus clair et plus franc :

Je sais, monsieur le directeur, que vous êtes bon, et vos fonctions vous mettent chaque jour en rapport avec les grands médecins de Paris, qui sont les premiers médecins du monde. Ne pourraient-ils, sur votre demande, trouver remède à cette maigreur locale qui me désole? Quoique nous vivions dans l'aisance, mon mari laisse peu d'argent à ma disposition, et je ne saurais payer une consultation des princes de la science ; d'ailleurs, mon mari doit tout ignorer, et je mourrais de honte s'il apprenait ma démarche actuelle auprès de vous. Mais, ne pourriez-vous consulter ces messieurs et me transmettre leur ordonnance que je suivrais en secret, avec la plus rigoureuse exactitude? Si vous vouliez bien ne pas repousser ma prière, vous auriez droit à la reconnaissance de votre respectueuse et obligée,

Anna B***.

P. S. Répondre aux initiales A. B. poste restante, à Londres.

Après avoir lu cette lettre, le romancier la rendit en riant:

— Eh bien! dit-il, vous n'avez pas répondu et vous avez laissé la pauvre Anna B*** avec sa maigreur?

— Pas du tout; nous comprenons mieux nos devoirs, et le chagrin de notre jeune compatriote nous avait touchés. La première fois que le conseil des médecins s'est réuni, on a rédigé une ordonnance détaillée, que je me suis empressé d'envoyer poste restante à Londres, aux initiales convenues. Notre médecin en chef assurait que si Anna B*** suivait exactement ces prescriptions, elle ne pouvait manquer de voir disparaître bientôt « l'imperfection » dont elle se plaint.

— Pourvu qu'il ne lui arrive pas, dit le romancier, ce qui était arrivé à la duchesse de Foix, sous Louis XIV. On jugeait la Voisin, cette terrible empoisonneuse, à laquelle plusieurs dames de la cour avaient demandé des recettes en diverses circonstances. On trouva, dans les papiers de la Voisin, un petit billet de la duchesse contenant seulement ces mots : « Plus je frotte, moins ils poussent. » Cette découverte causa un grand émoi parmi les juges de la Chambre Ardente. Interrogée, la duchesse de Foix dut avouer la vérité : elle était dans le cas de Mme Anna B*** et avait demandé à la Voisin une pommade pour lui faire pousser... ce qui lui manquait. La pommade n'avait pas réussi sans doute, puisque la grande dame avait écrit le billet incriminé... Eh bien ! monsieur le directeur, savez-vous du moins si la recette de vos sommités scientifiques a eu de meilleurs résultats?

— Ah! ma foi, je l'ignore! répliqua le directeur en riant à son tour.

Nous avons dit que les lettres, avec ou sans signature, que l'on recevait ainsi étaient, la plupart du temps, oiseuses et indignes d'attention. Cependant il en est parfois qui contiennent des rectifications curieuses et d'un intérêt véritable. L'auteur de ces anecdotes demande la permission de citer une de ces lettres qui le concerne.

Je publiais, dans un journal de Paris, mon roman les *Chauffeurs*. Ce roman n'est pas une œuvre de pure imagination. Il sert de cadre à une foule de personnages réels; il raconte quelques-uns des crimes abominables commis, vers la fin du siècle dernier, par une bande de plusieurs centaines de brigands qu'on appelait la Bande d'*Orgères*.

Afin d'être aussi exact que possible sur certaines particularités relatives à cette formidable association, je me procurai les pièces du procès et j'en fis avec conscience le dépouillement.

Ces pièces ont été imprimées ; elles forment cinq gros volumes in-quarto. Voici pourquoi cette impression a eu lieu.

Quand toute la bande eut été arrêtée (vers l'année 1800), les prisons de Chartres se trouvèrent encombrées de ces scélérats, si bien qu'une épidémie se mit parmi eux et qu'il en mourut un grand nombre. Néanmoins, lorsque le procès commença (et le jury dut siéger tous les jours, pendant plusieurs mois consécutifs), les malfaiteurs étaient encore au nombre de plus de cent devant la cour d'assises, et, malgré certaines prescriptions de la loi, il fallut, pour la sécurité des juges et des jurés, leur mettre aux jambes des espèces d'entraves pendant les audiences.

Or, les pièces du procès devant légalement être signifiées à chacun d'eux, il eût été impossible de faire autant de copies de cette volumineuse procédure ; on la livra donc à l'impression, et chaque accusé reçut un exemplaire de l'ouvrage.

C'est un de ces exemplaires que j'ai eu entre les mains ; je le devais à l'obligeance d'un de mes anciens éditeurs, et il avait appartenu à la *Grêlée*, une accusée qui joue un rôle important dans le roman des *Chauffeurs*, comme dans l'histoire de la bande d'Orgères.

Tous ces brigands ne comparurent pas devant la cour d'assises. Leur chef, appelé le Beau-François, avait réussi, en compagnie de quelques autres, à s'échapper des prisons de Chartres, où il était détenu avant l'ouverture du procès.

Cet événement sembla d'autant plus fâcheux que le Beau-François passait pour être à la fois le plus féroce et le plus intelligent de la bande. L'origine de cet homme, qui était jeune, beau, recherché dans sa mise, et qui est le principal personnage du roman, n'a jamais été bien connue. Il avait trois passe-ports, parfaitement en règle, sous trois noms différents, et, selon toute apparence, aucun d'eux ne portait son nom véritable. Il exerçait sur les autres bandits une influence extraordinaire, et on a sujet de penser que tous avaient travaillé secrètement à favoriser son évasion.

Aussi cette évasion fit-elle grand bruit. On redoubla de surveillance à l'égard des prisonniers ; Frain, le geôlier de la prison, fut destitué ; puis on lança à la poursuite du Beau-François et des autres fugitifs le brave et habile Vasseur, lieutenant de gendarmerie.

Vasseur, qui joue un rôle important dans les *Chauffeurs*, n'est pas un personnage fictif ; ce fut bien un officier de gendarmerie de ce nom qui, sur les indications d'un homme de la bande, nommé le Borgne de Jouy, parvint à arrêter des centaines de malfaiteurs disséminés dans plusieurs départements. Vasseur, escorté d'une troupe de gendarmes et de hussards, parcourait à cheval les grands chemins. A son côté, le Borgne de Jouy, vêtu en garde national et à cheval comme les autres, lui désignait les vagabonds et les rôdeurs faisant partie de l'association, que l'on rencontrait çà et là, et ils étaient saisis aussitôt. Grâce à ces services, le Borgne de Jouy ne fut pas condamné à mort plus tard, et réellement il prouva qu'il n'avait jamais commis de meurtre personnellement. En revanche, ce misérable avait un goût horrible : il aimait à *boire du sang*, et on trouve dans les pièces du procès un rapport de Vasseur constatant cette monstruosité.

Ce fut donc Vasseur qui se mit aux trousses du Beau-François, et, son activité, sa finesse, son énergie permettaient d'espérer qu'il parviendrait à rejoindre le fugitif. Il le suivit à la piste pendant longtemps, avec d'autant plus de facilité que le Beau-François et les deux ou trois coquins qui s'étaient enfuis avec lui marquaient leur passage par de nouveaux crimes. Il atteignit ainsi le Mans et voulait continuer la chasse ; mais, au delà du Mans, tout le pays était alors en insurrection, et Vasseur n'osa s'aventurer au milieu des chouans. Force lui fut donc d'interrompre sa poursuite et de revenir en arrière. Quant au Beau-François, on n'en entendit plus parler.

Telle est l'histoire. Mais le romancier qui a écrit les *Chauffeurs* ne pouvait s'accommoder de ce dénoûment négatif et peu moral. Après avoir raconté longuement les crimes de l'audacieux Beau-François, il ne pouvait terminer son roman en annonçant au lecteur que le criminel s'était

enfui et qu'on n'en avait jamais eu de nouvelles.
Dans l'intérêt du drame comme de la morale, il
fallait que le scélérat fût cruellement puni ; aussi,
de mon autorité privée, fis-je mourir le Beau-
François, tombé dans la plus profonde abjection,
d'une médecine de cheval qu'il avait avalée parce
qu'elle contenait de l'alcool.

Certes, je ne devais guère m'attendre à ce que
personne s'inscrivît en faux contre ce dénoûment,
si contraire qu'il pût être à la réalité. Cependant,
comme j'achevais dans le journal la publication
des *Chauffeurs*, je reçus la lettre suivante :

Dreux, le 8 mars 1857.

Monsieur,

Je lis avec grande assiduité votre roman, *les Chauffeurs*, et, il y a un instant, je lisais le feuilleton d'aujourd'hui où vous faites mourir le Beau-François bien
misérablement. Permettez-moi de vous adresser à ce
sujet une petite rectification.

M. Frain, l'ancien concierge de la prison de la rue
des Changes à Chartres, dont vous parliez il y a quelques jours en rendant compte de l'évasion du Beau-
François, même que ce fut la cause qu'il perdit sa
place de concierge ; M. Frain, dis-je, existe encore ; il
a eu quatre-vingt-cinq ans au mois d'août dernier ; il
habite Dreux, chez son gendre, M. Devaux, rue des

Changes. Il y a quelques années, il se plaisait à raconter divers incidents, diverses scènes des procès dont il avait été témoin ; entre autres choses qu'il racontait, je me rappelle ceci :

En 1814 ou 1815, lors de l'occupation étrangère, il habitait Nogent-le-Roi (petite ville à quatre lieues de Dreux). Un détachement de l'armée prussienne y était cantonné, lorsqu'un jour il reçut la visite d'un capitaine de ce détachement, qui lui demanda s'il était bien M. Frain, qui était concierge de la prison de Chartres lors du procès de la bande d'Orgères. Sur sa réponse affirmative, le capitaine se fit reconnaître pour le Beau-François, et, en effet, M. Frain le reconnut pour être bien lui.

Veuillez agréer, etc.

Un abonné du *Siècle*.

Cette révélation était trop curieuse, trop intéressante, pour que je pusse l'accueillir sans contrôle, sur la foi d'un anonyme. Aussi, profitant des indications de la lettre, écrivis-je directement à M. Frain, rue des Changes, à Dreux. La réponse ne se fit pas attendre. Deux jours plus tard, je recevais de M. Devaux-Frain, gendre de l'ancien concierge de la prison de Chartres, une lettre écrite au nom de Frain lui-même et confirmant de tous points les assertions de la première.

Ainsi donc il reste établi, par le témoignage

de M. Frain et de sa famille, que le Beau-François était, en 1814 ou 1815, *capitaine dans un régiment prussien* de l'armée d'occupation. Sans doute, après sa fuite, il n'avait fait que traverser la province en insurrection et avait gagné la Belgique, puis l'Allemagne. Il était robuste, déterminé, d'un esprit vif et prompt, et ne devait reculer devant aucun moyen pour arriver à son but; il avait sans doute caché son nom, jeté un voile épais sur son passé; peut-être aussi s'était-il distingué dans la guerre des alliés contre son pays natal. Dans tous les cas, il était naturalisé Allemand, et, en se découvrant à M. Frain, il ne risquait plus qu'on lui demandât compte de ses crimes antérieurs.

Ce fait n'ouvre-t-il pas le champ libre à toutes sortes de suppositions? Ne se pourrait-il pas, par exemple, que le Beau-François, sous son nom étranger, ne se soit pas arrêté au grade de capitaine? Ne se pourrait-il pas, qu'il soit devenu colonel, général, feld-maréchal; que, grâce à ce titre, il ait été anobli et qu'il ait fait souche aristocratique de l'autre côté du Rhin? Qui sait même si, parmi les Allemands qui, en 1870 et 71, ont commis, à Bazeilles et ailleurs, tant d'atrocités, ne se trouvait pas un fils ou un descendant du redoutable chef des brigands d'Orgères ?

•

Les lettres, anonymes ou signées, qui me sont parvenues lors de la publication des *Chauffeurs*, ne se bornent pas à celles que je viens de citer. Outre celle de M. Isambert, jurisconsulte éminent, conseiller à la cour de cassation, que j'ai reproduite dans le roman, j'en.ai reçu un grand nombre d'autres. Au moment de cette publication, plus de cinquante-sept ans s'étaient écoulés depuis que les chefs de la bande avaient expié leurs crimes sur la place publique de Chartres (vingt et un furent exécutés le 10 octobre 1800), et pourtant le souvenir de leurs crimes était présent à toutes les mémoires, il existait encore plusieurs victimes de leur cruauté. Nombre de gens m'ont raconté les affreuses tortures que les brigands d'Orgères avaient fait souffrir à des personnes de leur famille. En général, on me reprochait dans le récit de ces abominables forfaits, d'être resté beaucoup au-dessous de la vérité.

Voici quelques extraits d'une de ces lettres:

... Vous n'avez pas notamment parlé, dans votre ouvrage, de M. et de Mme Horreaü, deux vieillards habitant un château isolé. Ils furent saisis, au milieu de la nuit, par les scélérats et pendus dans la cheminée, afin qu'ils révélassent l'existence d'un trésor qu'ils ne possédaient pas. Ils moururent dans ces tortures, pendant que les brigands se livraient, autour d'eux, à une épouvantable orgie, grâce aux provisions du château, et venaient piquer avec leurs fourchettes les *cloches* nombreuses que le feu allumé sous leurs pieds nus avait produites Ces faits sont authentiques et constatés par le récit d'une servante qui, enfouie sous des matelas que ces monstres avaient amoncelés dans un coin de la chambre, assistait, immobile et muette à ce spectacle terrifiant.

Vous avez reculé aussi devant le cynisme immonde de la Grande Marie, ce Busiris en jupons, qui avouait en plein tribunal qu'elle se complaisait à *scier*, avec un eustache de six liards, les cous des victimes qu'elle avait terrassées Quand ses propres forces étaient insuffisantes pour les terrasser, elle se faisait aider par les hommes de la bande et elle s'écriait dans son délire d'hyène : *Ah! que c'est donc bon de scier des cous!*

N'en déplaise à mon correspondant anonyme, je connaissais très-bien les horribles détails dont il s'agit, car ils sont consignés tout au long dans les pièces du procès. J'en connaissais même, au sujet de la Grande-Marie, de plus hideux encore, Mais on ne me convaincra jamais que certaines turpitudes de la réalité soient du domaine du roman. Le romancier doit nécessairement avoir étudié toute la gamme des sentiments humains, depuis les plus nobles et les plus élevés jusqu'aux plus bas et aux plus odieux. Du choc d'un bon et d'un mauvais principe, de la lutte des passions et des caractères, jaillissent le drame et l'intérêt. Néanmoins, quel que soit l'effet saisissant qu'on puisse attendre des contrastes, il est certains bas-fonds où l'auteur, qui a respect des autres et de lui-même, ne doit jamais descendre. Le roman, tel qu'on le conçoit aujourd'hui, ne peut se passer du crime, qui est un des éléments d'intérêt les plus puissants, mais à la condition de ne chercher, par des artifices de langage et dans un intérêt dramatique, ni à l'atténuer, ni surtout à le *poétiser*. Malheureusement, ces conditions, si difficiles à remplir, sont rarement remplies. On suppose, quand on a puni le criminel au dénoûment qu'on n'encourt aucun reproche, et l'on ne s'aperçoit pas que l'immoralité des moyens a rendu à peu près inutile la moralité du résultat.

Quant aux turpitudes, de quelque nature qu'elles soient, elles ne sauraient jamais entrer dans la composition d'une œuvre d'imagination; et, en dépit de certains réalistes, je ne veux pas croire que le procès de Billoir et celui plus récent de Vitalis et de la fille Boyer puissent offrir des sujets de romans aux auteurs de l'avenir.

XI

Les voyages du baron Taylor. — Le capucin de Séville. — La chambre à cheminée. — Le musée espagnol au Louvre. — *L'Aiguille de Cléopâtre* et les Anglais. — Comment l'obélisque de Louqsor est venu à Paris. — Le FILS ILLÉGITIME (Nouvelle). Post-face

J'ai publié dans un recueil de nouvelles, intitulé *les Drames du cloître,* le récit d'une horrible aventure arrivée à deux jeunes officiers français, résidant à Séville, lors de l'Expédition d'Espagne en 1823. Ce récit, emprunté à un ouvrage du temps, est si dramatique que l'on attribue volontiers à l'imagination du romancier ce qui est une histoire véritable. A propos de cette nouvelle (*le Drame au couvent*), l'excellent baron Taylor me disait :

— Mais, moi aussi, je me trouvais à Séville à l'époque dont vous parlez. J'étais attaché, en qualité d'officier, au grand état-major de l'armée, et sans doute l'histoire dont il s'agit a été, comme vous le reconnaissez du reste, tenue absolument secrète, car je ne me souviens pas d'en avoir entendu parler... Oui, j'ai séjourné plusieurs fois à Séville et j'en ai rapporté des souvenirs dignes d'attention peut-être.

Je flairai une de ces jolies histoires, dont tout les romanciers amis du baron sont très-friands, et je fis si bien que je le déterminai à me raconter ce que je vais, à mon tour, raconter au lecteur.

M. Taylor est d'autant plus compétent pour parler de l'Espagne qu'il a publié un magnifique ouvrage, *le Voyage pittoresque en Espagne et en Portugal*, dont il a écrit le texte et dessiné les gravures. Au moment où tout change sur la surface de l'Europe, où les chemins de fer font disparaître les mœurs et les monuments d'un autre âge, on retrouve avec plaisir, dans ce beau livre, l'Espagne d'autrefois, la vieille Espagne du Cid et des Maures, de dom Pèdre le Justicier, de Charles-Quint et de Philippe II.

Donc, à Séville, le baron fut logé d'abord chez le comte de Latour, dans un palais près de l'Alaméda ; mais bientôt il demanda un billet de logement pour le couvent des capucins, parce que ce couvent renfermait alors la plus belle collection de tableaux de Murillo existant en Espagne, collection qui appartient actuellement au musée sévillan. Il pouvait ainsi, à chaque heure, admirer les chefs-d'œuvre d'un maître, qui n'avait pas encore en France la popularité dont il jouit aujourd'hui.

L'officier français fut très-bien accueilli par les révérends pères et, pendant son séjour chez eux, on le combla de soins et d'égards. Sans doute on ne l'astreignit pas à l'ordinaire frugal des moines, et chaque matin l'un d'eux venait lui apporter dans sa cellule un énorme bouquet provenant du jardin du couvent.

Le moine, chargé de ce cadeau quotidien, était un homme fort et vigoureux, quoiqu'il eût une longue barbe d'une blancheur de neige. Malgré sa grosse robe brune à capuchon et sa ceinture de corde, malgré sa tête rasée et ses pieds nus dans des sandales, il conservait une prestance assez contraire à l'humilité canonique. Du reste, il était fort doux, d'une politesse mélancolique, et comme il parlait très-bien français, on l'avait choisi pour faire les honneurs à l'hôte de la maison.

M. Taylor causait fréquemment avec lui, et, un jour que le capucin lui apportait le bouquet habituel, il lui dit d'un ton amical :

— Vous ne paraissez pas très-âgé, mon révérend père ; y a-t-il longtemps que vous êtes profès dans ce couvent ?

— J'ai soixante-dix ans, monsieur, répondit le capucin, les yeux baissés, et en voilà près de quarante que j'ai prononcé mes vœux monastiques.

— Vous étiez bien jeune quand vous avez pris cette grave détermination !

— Avant de me consacrer à Dieu, j'avais déjà exercé dans le monde un métier profane..... Comme vous, j'étais officier et j'ai combattu un moment avec les Français pour le service de l'Espagne.

— Ma foi! mon révérend père, j'avais deviné en vous un ancien soldat... Eh bien! comment avez-vous renoncé à une carrière, que vous étiez destiné sans doute à parcourir avec honneur ?

— En effet, répliqua le vieux moine dont l'œil éteint sembla tout à coup jeter un éclair, je pouvais espérer d'arriver promptement aux grades élevés.... A vingt-cinq ans j'étais lieutenant (alférès) de dragons et j'avais donné devant l'ennemi quelques preuves de courage; mais... j'ai renoncé à tout, ajouta-t-il avec un profond soupir, et Dieu, je l'espère, n'a pas repoussé mon sacrifice.

— Me permettrez-vous, révérend père, de vous demander la cause de cette conversion?

— Le remords, répliqua le moine d'un ton sombre en penchant la tête sur sa poitrine.

— Le remords ! vous aviez donc commis quelque mauvaise action... un crime peut-être?

— Oui.

Il y eut un moment de silence. Le capucin reprit :

— Je vais tout vous dire, monsieur, aussi bien l'histoire n'est pas longue et pourra vous servir d'exemple. Vous êtes jeune, vous êtes exposé aux mêmes entraînements que moi ; il est bon que vous sachiez comment j'en ai été puni... Veuillez m'écouter.

« En 1782, l'armée, dont mon régiment faisait partie, assiégeait la ville de Gibraltar, afin d'en chasser les Anglais. Vous autres Français, vous étiez nos alliés à cette époque, et vous nous aidiez dans une rude besogne, qui resta pourtant au-dessus de vos forces et des nôtres. Gibraltar, sans cesse ravitaillé du côté de la mer, semblait imprenable ; après trois années de siége, il fallut renoncer à l'entreprise.

« Toujours est-il que, pendant ces trois années, Français et Espagnols se battirent bravement côte à côte ; ce fut alors que j'appris à aimer les Français, à les estimer.

« Cependant, je ne pouvais avoir pour aucun étranger l'affection que j'avais pour un de mes camarades, du même âge et du même grade que moi. Au régiment, nous étions inséparables et on nous prenait souvent pour les deux frères. Nous mettions en commun nos plaisirs et nos peines ; il n'était pas un sacrifice, même celui de la vie, que nous ne fussions prêts à nous faire l'un à l'autre...

Pauvre Diégo ! cette amitié devait lui coûter bien cher ! »

Le capucin s'interrompit encore et cacha son visage dans ses mains. Outre la douleur que le souvenir que son camarade éveillait en lui, il semblait reculer devant un pénible aveu. Enfin, il poursuivit, avec un embarras visible et la rougeur au front :

— « J'étais fort mondain en ce temps-là, monsieur, et une galanterie coupable absorbait tous mes instants de loisir. Pendant le siége, notre régiment était cantonné dans la petite ville de Saint-Roch, à quelques lieues de Gibraltar, et, Diégo et moi nous logions chez l'alcade. Cet alcade avait une femme fort belle et fort coquette, dont je ne tardai pas à devenir amoureux. J'ai toujours soupçonné mon ami de l'avoir courtisée de son côté ; mais, dès qu'il s'aperçut du sentiment que m'inspirait notre hôtesse, il s'effaça devant moi et affecta une grande indifférence à son égard. J'étais trop frivole pour lui tenir compte de cette générosité, et je m'abandonnai sans réserve à ma passion.

« Chaque nuit, il y avait des escarmouches

aux avant-postes, et il nous fallait repousser les assiégés qui faisaient des sorties pour détruire nos ouvrages. Cependant, toute l'armée ne prenait pas les armes, et une moitié seulement de chaque régiment était commandée pour ce service nocturne. L'alférès Diégo et moi, nous assistions alternativement à ces escarmouches, qui d'habitude n'étaient pas très-meurtrières.

« Un soir, je reçus l'ordre de marcher avec un détachement destiné à garder les avant-postes. Cet ordre me consterna. L'alcade était absent, et dona Inès — la séduisante créature dont je vous ai parlé — m'avait accordé, pour la nuit même, un rendez-vous que je sollicitais depuis longtemps. Il fallait choisir entre mon devoir et ma fatale passion ; mon choix n'était pas douteux, mais j'éprouvais un véritable désespoir.

« J'allai trouver Diégo. A raison de l'égalité de nos grades, nous pouvions nous faire remplacer l'un par l'autre dans le service, et déjà plusieurs fois nous avions profité de cette faculté. Je suppliai mon ami de prendre mon tour de garde à la tranchée, m'engageant à prendre le sien la nuit suivante. Je mettais tant d'ardeur à lui présenter cette demande, que Diégo me regarda avec étonnement.

— « Tu parais bien agité, me dit-il; que se passe-t-il donc?

— « Diégo, dussé-je être tué demain, il faut que je sois libre cette nuit.

— « Bon, quelque amourette encore?

« Je fis un signe affirmatif. Diégo me demanda d'une voix altérée :

— « Voyons ! Don Manoël est parti, est-ce que dona Inès...

« Nouveau signe affirmatif, accompagné, cette fois, d'un sourire de fatuité.

« Il me sembla que Diégo devenait subitement pâle. Cependant il me dit d'un ton calme :

— « C'est bien... Tu peux compter sur moi... Je prendrai ta place à la tranchée.

« Transporté de joie, je l'embrassai, je le serrai contre ma poitrine. J'aurais dû m'apercevoir encore qu'il recevait froidement mes caresses et y répondait à peine ; mais j'étais si aveuglé, si préoccupé et si joyeux, que des signes qui, en tout autre moment, m'eussent frappé vivement, n'attirèrent mon attention que plus tard.... et trop tard.

« Tout s'arrangea comme nous en étions convenus. Diégo partit à ma place, et tandis qu'il se battait aux avant-postes, je me plongeai dans les délices de ma passion criminelle.

« Jamais encore l'ennemi n'avait fait d'aussi grands efforts ; toute la nuit, on entendit gronder le canon, petiller la fusillade. Je ne m'en inquiétais pas, je n'entendais même pas ces bruits sinistres, auxquels, du reste, mon oreille était habituée... Nuit d'amour, combien l'expiation devait être longue et cruelle !

« Vers le matin, le canon cessa, et bientôt une grande rumeur s'éleva dans Saint-Roch. C'était la troupe qui, après une sanglante lutte, rentrait dans ses cantonnements. Je me hâtai de descendre l'escalier. Je voulais voir Diégo, le remercier encore, lui parler de mon bonheur...

« Dans le *patio* de la maison pénétraient, en ce moment, quatre soldats, qui portaient sur un brancard un alférès de dragons mortellement blessé. Je poussai un cri déchirant ; cet alférès était mon ami Diégo.

« Je courus à lui, tandis que les soldats déposaient le brancard à l'ombre d'un olivier.

— « Toi ! toi ! m'écriai-je le cœur brisé ; oh ! Diégo ! mon cher Diégo !

« Au bruit de ma voix, le malheureux alférès, qui semblait déjà ressentir les atteintes de la mort, ouvrit les yeux et essaya de me tendre la main :

— « Adieu, me dit-il ; tout est fini pour moi. Je veux pourtant que tu saches... Ne me plains pas trop, car, moi aussi, j'aimais Inès !

— « Inès ! m'écriai-je, fou de douleur ; ah ! qu'elle soit maudite ! Je la méprise, je la hais... que tous les démons de l'enfer...

« Diégo, par un signe, m'empêcha de blasphémer ; puis il m'adressa un faible sourire et expira. »

Les sanglots interrompirent le vieux capucin, et il se cacha de nouveau le visage. Bientôt, il reprit d'un ton plus calme :

— J'ai toujours ignoré si Diégo, qui, d'ailleurs, était brave jusqu'à la témérité, avait recherché la mort volontairement ou si elle était le résultat d'un de ces hasards funestes qu'on rencontre à la guerre. Mais, désespéré de la perte de mon ami, je vis dans cet événement une punition de Dieu pour mon égoïsme et mes débauches .. Je me hâtai donc de donner ma démission, et j'entrai dans ce couvent où j'expie mes erreurs passées, où je pleure mon généreux Diégo... J'espère que quand je paraitrai devant le juge suprême, il m'aura pardonné en faveur de mes larmes et de mon repentir.

— Et dona Inès, demanda le baron Taylor, qu'est-elle devenue?

Le capucin ne put cacher sa répugnance à reparler de ce sujet. Cependant il répondit, en détournant les yeux :

— Elle aussi, elle a éprouvé les effets de la réprobation divine... Peu de temps après, son mari l'ayant prise en flagrant délit d'un nouveau crime, la tua d'un coup de couteau, après quoi il se précipita du haut d'un rocher qui s'élève auprès de la ville... Je n'oserais prier ni pour l'une ni pour l'autre, car ils sont damnés !

Une douzaine d'années plus tard, le baron revenait à Séville. Cette fois, il n'était plus militaire et avait reçu du roi Louis-Philippe la mission de recueillir en Espagne les tableaux qui composèrent plus tard, au Louvre, la *galerie espagnole*. Peut-être le souvenir des beaux Murillo, qu'il avait vus jadis au couvent des Capucins, n'était-il pas étranger au retour du baron dans la capitale de l'Andalousie. Néanmoins, il n'alla pas loger au couvent ; et, comme il devait passer trois mois à Séville, comme on était en décembre et que l'hiver était particulièrement froid cette année-là (1836), il se remit en quête d'un logement, où il pût se livrer à ses études sans trop souffrir de la température.

Or, il n'y avait alors, dans tout Séville, qu'une *seule* chambre à cheminée, les habitants se chauffant, comme on sait, au moyen de *braseros*. Cette chambre unique, le baron, devenu frileux à la suite des voyages en Égypte dont nous parlerons bientôt, la convoitait avec ardeur, et il prit des informations afin d'en obtenir la jouissance, s'il était possible.

Il avait connu, en 1823, à Porto-Sainte Marie,

devant Cadix, une charmante famille dont le chef s'était fait connaître par la publication d'un remarquable *romancero*. Une des filles de cet auteur avait épousé le marquis d'Arco-Hermoso, et était célèbre elle-même sous le pseudonyme de Fernande. La marquise, ou plutôt Fernande, composait des romans qui obtenaient beaucoup de succès en Espagne, et on la surnommait « la George Sand espagnole. »

Or, il se trouva que la chambre à cheminée dépendait d'une maison appartenant à la marquise d'Arco-Hermoso. Quand elle apprit les embarras de M. Taylor, Fernande s'empressa de lui offrir une gracieuse hospitalité. On mit à sa disposition la précieuse chambre, et, pendant que Sévillans et Sévillanes grelottaient autour de leurs braseros, la cheminée du Français lançait des tourbillons de fumée dans l'azur du ciel andalou, sans doute à la profonde surprise de certains bons bourgeois qui devaient croire à un incendie.

Ce fut donc là que le baron écrivit au roi Louis-Philippe la volumineuse correspondance qu'exigeait l'acquisition de plusieurs centaines de tableaux. Nous savons quel fut le résultat de ses efforts; on a pu admirer, au Louvre, les chefs-d'œuvre qu'il avait réunis avec tant de peine, et qui représentaient l'histoire de la peinture espagnole. Cette collection n'existe plus pour la France. Après la révolution de 1848, l'ancienne liste civile demanda un million de cette galerie, qui en vaudrait six actuellement. Des considérations, que nous n'avons pas à apprécier, empêchèrent qu'on n'acceptât l'offre, et tous ces tableaux sont allés orner les musées de l'étranger.

———

On parle beaucoup aujourd'hui du projet qu'exécutent les Anglais de transporter à Londres un des deux obélisques d'Alexandrie, appelés *Aiguilles de Cléopâtre*. L'un de ces obélisques était renversé; l'autre se tient encore debout, quoique menacé d'une chute prochaine, et c'est celui qui était renversé qu'on va ériger sur les bords de la Tamise.

Peut-être ne sait-on pas généralement que cette *Aiguille de Cléopâtre* avait été donnée d'abord à la France, et que c'est par suite d'un arrangement conclu entre le représentant de l'Angleterre et le baron Taylor, alors commissaire du roi en Orient, que les Anglais peuvent réclamer le superbe monolithe. Mais les négociations relatives à cette affaire sont encore une sorte de secret que le baron se réserve de révéler dans une œuvre posthume, et il n'appartient qu'à lui d'en parler. En revanche, nous pouvons donner quelques détails sur la manière dont notre obélisque de Louqsor est venu sur la place de la Concorde, à Paris, et, d'abord, hâtons-nous de dire que la première idée de cette translation est due à M. Taylor, comme le prouve la belle et patriotique lettre que nous allons citer.

Au commencement de l'année 1828, le baron écrivait à M. de Martignac, alors ministre de l'intérieur :

Monseigneur, les drapeaux victorieux de la France ont vu toutes les parties du monde, et partout où ils ont flotté ils ont montré aux peuples que les Français savaient faire connaître sur la terre étrangère les bienfaits de la civilisation de leur patrie. Pour souvenir des victoires de nos armées, des étendards étaient appendus aux voûtes de nos églises ; ces trophées ont disparu. Ne serait-il pas glorieux d'élever des monuments pour rappeler les batailles qui en avaient doté la France ? Les campagnes des Français en Égypte, si glorieuses et si poétiques, égalent les hauts faits des Croisades ; pas une pierre ne conserve, à Paris, le souvenir de cette gloire.

Bossuet a dit que « la puissance romaine, désespérant d'égaler les Égyptiens, a cru faire assez pour sa grandeur d'emprunter les obélisques de leurs rois ».

La France qui a égalé les Égyptiens et les Romains dans la guerre, devrait peut-être consacrer ses triomphes en Orient par un de ces monuments dont l'Égypte et Rome sont encore si riches. Un ouvrage, qui est aussi une gloire pour notre pays, nous indique qu'il existe à Luxor, dans les ruines de Thèbes, deux obélisques, qu'il serait possible de transporter à Paris et qui orneraient admirablement une ou deux de nos places publiques, en même temps qu'ils signaleraient, par de nouveaux témoignages, le triomphe de nos armes et la supériorité de nos sciences.

Si Votre Excellence daigne accorder quelque attention à ce projet, je la prie de me donner un moment d'entretien.

Telle fut la première idée de la translation d'un obélisque à Paris. M. de Martignac était homme à la comprendre, et le baron reçut ordre de se rendre en Égypte pour étudier les moyens d'exécution. Parti de Toulon sur la corvette de l'État *la Diligente,* il se rendit d'abord à Alexandrie, puis, en remontant le Nil, aux ruines de Thèbes où se trouve Louqsor, et il se convainquit de la possibilité de transporter les obélisques en France.

Quand il revint à Paris, M. de Martignac n'était plus ministre, mais le Gouvernement ne renonça pas pour cela au projet de M. Taylor. Une commission, présidée par M. d'Haussez, ministre de la marine, l'approuva de nouveau et s'occupa immédiatement de le réaliser.

Il importait d'abord d'obtenir de Méhémet-Ali, pacha d'Égypte, le don d'un ou de plusieurs obélisques, et le 6 janvier 1830 parut une ordonnance royale ainsi conçue :

« Le sieur baron Taylor sera envoyé comme commissaire du roi auprès du pacha d'Égypte, pour négocier la cession des obélisques de Thèbes et pour faire transporter en France l'obélisque d'Alexandrie, etc. Signé Charles. »

Ainsi qu'on le voit, l'*Aiguille de Cléopâtre* à Alexandrie était comprise dans les monolithes dont le commissaire royal devait demander la cession au pacha, et le brick *le Lancier* fut m aux ordres de M. Taylor pour qu'il pût remplir sa nouvelle mission.

Méhémet-Ali ne demandait pas mieux que d'être agréable à la France, mais il avait des ménagements infinis à garder avec les autres puissances. Des influences jalouses vinrent à la traverse des demandes du baron ; il y eut des négociations très-difficiles, et ce sont ces négociations que le baron se réserve de faire connaitre dans ses œuvres posthumes.

Toujours est-il, que par son esprit de conciliation, peut-être par son habileté diplomatique, il réussit, après un mois de pourparlers, à obtenir de Méhemet-Ali une des *Aiguilles de Cléopâtre* à Alexandrie et les deux obélisques de Louqsor à Thèbes. Plus tard, comme nous l'avons dit, un arrangement intervint entre lui et un des consuls étrangers en Égypte; c'est en vertu de cette transaction que l'Angleterre a réclamé l'*aiguille* primitivement concédée à la France.

On sait, d'autre part, comment, à force de démarches et avec le concours de savants distingués, la noble pensée du baron Taylor eut sa réalisation. Un navire de forme spéciale, auquel on donna le nom de *Luxor*, avait été construit à Toulon. Ce navire traversa la Méditerranée, remonta le Nil et put s'avancer à proximité de celui des deux obélisques qu'il s'agissait d'emporter. Grâce aux habiles opérations de M. Lebas, ingénieur de la marine, l'abatage se fit sans difficulté. L'obélisque, protégé par une enveloppe de charpente, fut installé dans la cale du navire qui portait son nom. Le vapeur *le Sphynx* prit *le Luxor* à la remorque et le conduisit à Alexandrie, puis en rade de Toulon, et enfin, par le détroit de Gilbraltar, à l'embouchure de la Seine, d'où un nouveau remorqueur l'amena au pont de la Concorde.

Pendant plusieurs années, l'obélisque, toujours emmaillotté dans ses charpentes, resta sur la berge, exposé à la curiosité des Parisiens. Enfin le 25 octobre 1836, l'ingénieur Lebas, qui avait abattu le monolithe à Thèbes, l'érigea, avec le même talent et le même bonheur, sur la place de la Concorde, en présence du roi Louis-Philippe; car ce n'étaient pas seulement les ministres, c'étaient les règnes qui avaient changé depuis que M. Taylor avait songé à doter Paris d'un monument des Pharaons.

Mais ces matières sont un peu bien sérieuses pour un simple diseur d'anecdotes, et je demande au lecteur la permission de lui conter encore une nouvelle, dont le fond, comme celui de toutes les nouvelles qui se trouvent dans cet ouvrage, est d'une entière vérité. Quoique nous dissimulions avec soin les noms des personnages, il y a certainement, à Paris et ailleurs, des gens du monde qui reconnaîtront les acteurs de ce drame.

LE FILS ILLÉGITIME

A une époque assez rapprochée de nous, mais que nous ne voulons pas préciser, le comte... Albert de Beauvoisin (autant ce nom qu'un autre !) semblait offrir un exemple de toutes les prospérités humaines. Il était jeune, beau, riche, de grande naissance, et il occupait une des plus hautes charges de l'État. C'était enfin un de ces enfants gâtés de la fortune, dont le bonheur contraste avec tant d'existences misérables.

Bien qu'il pût aspirer aux plus illustres partis, le comte Albert atteignit l'âge de trentre-quatre ans sans être marié. Il était aimé d'une très-grande dame, une princesse, qu'il affectait d'aimer passionnément à son tour, et personne à Paris ne l'ignorait. Un mariage entre eux n'était pas possible, et ni l'un ni l'autre ne paraissait songer à se pourvoir ailleurs.

Toutefois, la princesse avait des ménagements infinis à garder, et les assiduités du comte chez elle commençaient à la compromettre. Il devenait urgent de donner le change à l'opinion et, dans ce but, il importait que le comte Albert affichât de l'amour pour une autre femme.

Il y avait alors, dans un petit théâtre du boulevard, une très-jeune actrice, une débutante, assez mal pourvue de talent, mais fort jolie et qui passait pour honnête... ou à peu près. On la connaissait sous le nom d'Octavie, et comme la nature l'avait gratifiée d'une magnifique chevelure blond cendré, on l'appelait Octavie-la-Blonde.

Tout le monde sait quel moyen de publicité la photographie fournit aux actrices en vogue ou non. Leur portrait s'étale aux vitrines, aux devantures de magasin, en costumes souvent très-lestes; et même, à propos du costume de ces

dames, une remarque frappera l'observateur : c'est
que, dans leurs photographies, elles sont plus ou
moins vêtues, selon qu'elles ont plus ou moins de
talent. La grande actrice de la Comédie-Française,
la prima dona de l'Opéra et des Italiens sont
mises avec une chasteté extrême. Les actrices
d'une valeur réelle, attachées aux autres théâtres,
se font parfois représenter avec des costumes de
leurs rôles, mais rarement ces costumes sont de
nature à offenser des regards timorés. En revanche, à mesure qu'on descend l'échelle du mérite, la nudité s'étale avec un sans-gêne croissant;
et quant à celles que les directeurs engagent à
six cents francs par année, elles n'ont parfois,
dans les photographies des étalages, qu'un mail-
lot pour tout vêtement.

Or, c'est dans cette catégorie d'artistes, dont
la beauté fait l'unique mérite, qu'avait été classée
Octavie-la-Blonde. Une stupide féerie, jouée sur
une infime scène, avait permis de l'admirer sous
les costumes les plus écourtés, dans les poses les
plus hardies, et les photographes avaient reproduit le tout avec leur exactitude ordinaire.
Aussi ses portraits flamboyaient-ils à tous les

coins de rue, et, quoique les rôles qu'elle débitait se composassent seulement de quelques paroles idiotes, elle avait plus de célébrité que certaines actrices laborieuses des grands théâtres parisiens.

Cette célébrité ne tarda pas à produire les effets attendus peut-être. Un beau jour Octavie, avec les cinquante francs par mois que lui donnait son directeur, trouva moyen d'avoir de superbes cachemires, des rivières de diamants; puis, un élégant coupé, attelé de deux chevaux, qui venait la prendre à sa sortie des répétitions ; puis, un ravissant petit hôtel, entre cour et jardin, sur un des boulevards qui avoisinent l'arc de l'Etoile. De plus, le jour comme la nuit, stationnait à sa porte un équipage armorié, alors connu de tout Paris. Enfin, on rencontrait chez elle l'homme qui passait alors pour le roi des dandys, en même temps qu'il jouissait d'un crédit sans bornes, le comte Albert de Beauvoisin. Le comte manifestait une folle passion pour Octavie-la-Blonde, et on en doutait d'autant moins qu'il semblait vouloir se ruiner pour elle.

Quand la nouvelle de cette liaison se répandit,

le scandale fut énorme; tout le monde plaignait la pauvre princesse, et la croyait abandonnée. C'était ce que l'on voulait sans doute, car le bruit s'apaisa peu à peu, et bientôt nul ne parla plus de ce qui avait été un moment l'objet de toutes les conversations.

Cependant, si le comte n'avait voulu que donner le change sur son ancienne liaison, il faut avouer qu'il dépassa le but. Ses assiduités chez Octavie ne cessèrent pas, et il lui consacrait tout le temps qu'il pouvait dérober à ses graves occupations. Elle mit au monde un enfant, dont le comte Albert fut le parrain, et que l'on dota richement le jour de sa naissance.

Plusieurs années s'écoulèrent. L'amour du comte pour Octavie-la-Blonde, que l'on appelait maintenant « madame Octavie », ne semblait pas diminuer, bien que cet amour ne fût plus peut-être qu'une habitude. La jeune femme manquait un peu d'intelligence, mais elle n'était pas née vicieuse, et éprouvait pour son protecteur autant de respect que de reconnaissance. D'autre part, la princesse était morte, et le comte Albert avait maintenant toute liberté pour disposer de lui-même. Si donc il se fût trouvé dans les conditions ordinaires, il aurait pu épouser Octavie, malgré la bassesse de son origine, et légitimer la naissance de l'enfant. Mais il était ambitieux, il appartenait à un monde où l'ancienne figurante d'un théâtre parisien ne pouvait jamais être admise. Les choses demeurèrent donc dans le même état, et pendant que M. de Beauvoisin poursuivait sa brillante carrière, on fermait les yeux bénévolement sur certains mystères de sa vie privée.

L'enfant du comte et d'Octavie était un garçon, auquel on avait donné le prénom de Daniel, et qui naturellement ne portait que le nom de sa mère, le nom assez peu aristocratique de Trigaud. Daniel, dans les premières années, avait toute la douceur, toute la soumission des enfants disciplinés. Il était charmant, d'une intelligence vive et précoce; Octavie, qui l'adorait, avait eu la sagesse de ne pas le gâter. Aussi, était-il la joie de la maison. Elevé au milieu du luxe et de l'opulence, il souriait à tout et tout lui souriait. Il adorait sa mère et montrait au comte, qu'il appelait « bon ami », une vive tendresse. A la vérité, le comte ne venait jamais sans apporter à Daniel les jouets les plus nouveaux, les plus coûteux. Il comblait de présents la mère et le fils ; il semblait n'avoir d'autre pensée que d'aller au-devant de leurs désirs.

Daniel atteignit ainsi l'âge de huit ans, et, comme nous l'avons dit, il ne manquait pas de précocité. Il aimait à lire, et dévorait volontiers tous les livres qui lui tombaient sous la main. D'autre part, l'isolement où il vivait lui étant à charge, sa mère lui avait créé des relations avec d'autres jeunes garçons ; c'étaient les fils de bourgeois du voisinage que le grand luxe de Mme Octavie faisait passer sans doute sur l'irrégularité de la naissance de Daniel.

A partir de cette époque, l'enfant, autrefois si gai et si ouvert, se montra par intervalles taciturne, irascible, volontaire. Il témoignait toujours à Octavie beaucoup d'affection; mais envers toutes les autres personnes qui l'approchaient, il laissait voir une sorte de défiance hargneuse. Le comte particulièrement lui inspirait une répulsion marquée. Il ne le regardait jamais en face, ne lui répondait que par monosyllabes. Plusieurs fois sa mère l'avait réprimandé sur sa froideur pour « son bon ami »; il se taisait, mais ne changeait rien à ses manières d'agir.

Un jour, Daniel était allé jouer chez un de ses petits camarades, dans une maison voisine. On l'avait fait conduire par un domestique, et, comme un goûter devait suivre la partie de jeu, on ne pensait pas qu'il fût nécessaire de l'envoyer chercher avant la fin de la journée.

Une heure au plus s'était écoulée, et le comte Albert se trouvait avec Octavie dans le petit salon de l'hôtel, quand la porte s'ouvrit brusquement, et Daniel entra, les vêtements en désordre, les cheveux ébouriffés, le visage couvert d'égratignures. Il jeta à sa mère et au comte un regard dur, presque farouche, et s'assit sans rien dire.

— Bon Dieu ! mon enfant, que se passe-t-il ? demanda Octavie avec inquiétude; comme te voilà fait ! Pourquoi n'es-tu pas resté chez ton ami Gustave ?

— Je me suis battu avec Gustave... et avec son grand frère encore ! répliqua Daniel.

— Ah ! ah ! il s'agit d'une bataille ! s'écria le comte en riant.

Daniel secoua les épaules et se détourna avec colère.

— Et pourquoi t'es-tu battu ? demanda Octavie.

— Je vais te dire, maman... Le frère de Gustave à acheté pour deux sous, dans la rue, une image où il y a une femme toute déshabillée... Il m'a montré cette image, et m'a dit que c'était toi, parce qu'il y a ton nom imprimé au bas. Alors, moi je me suis mis en colère, j'ai pris l'image, j'ai donné des coups de poing à Gustave et à son frère... Ensuite je suis revenu. Tiens... voilà l'image.

Il tira de sa poche une vieille photographie maculée et déchirée, telle qu'on en trouve chez certains revendeurs. C'était bien, en effet, une photographie de sa mère, à une autre époque et dans un de ses costumes les plus simples. En haut du papier, il y avait pour légende : LES BELLES FEMMES DE PARIS ; et en bas : OCTAVIE-LA-BLONDE.

A peine Octavie y eut-elle jeté un regard, qu'elle la laissa tomber et se cacha le visage Le comte s'empara du portrait, le déchira en petits morceaux et dit froidement :

— Tu as bien fait, mon garçon ; ce n'est pas là ta mère... Il y a bien d'autres Octavie qu'elle.

— Ça ressemblait pourtant, répliqua Daniel sans regarder ; mais pourquoi avez-vous déchiré cette image, vous ?

— Parce qu'il n'est pas convenable qu'un enfant ait des « images » de ce genre.

— Celle-là ne vous appartenait pas !

— Daniel, s'écria Octavie d'un ton sévère, est-ce ainsi que tu parles à ton bon ami ?

— Ce n'est pas mon bon ami, répliqua Daniel d'un ton furieux ; ce n'est pas mon papa, puisque mon papa est mort, ce n'est pas mon oncle, ce n'est pas mon frère... C'est un « monsieur » qui vient chez nous.

La mère voulait le réprimander avec verdeur ; un signe du comte l'arrêta.

— Allons ! dit-il en riant, mons Daniel est de mauvaise humeur pour avoir battu ou pour avoir été battu... Le mieux est qu'il aille se reposer dans sa chambre.

— Et si je ne veux pas y aller, moi ! s'écria

l'enfant en se dressant sur ses ergots comme un jeune coq irrité.

Mais, cette fois, on coupa court à ses insolences ; Octavie le saisit par la main et l'entraîna dans une chambre, où elle l'enferma.

Quand elle revint, elle trouva le comte tout pensif.

— Chère Octavie, dit-il, cet enfant commence à raisonner et on lui met toutes sortes de choses en tête... D'ailleurs, il est temps de songer d'une manière sérieuse à son éducation... Il faut donc l'envoyer en pension le plus tôt possible, en attendant qu'il soit en état d'entrer comme interne dans un lycée.

La pauvre mère fondit en larmes; elle chérissait son fils, et l'idée de cette séparation lui déchirait le cœur ; mais elle s'inclinait humblement devant toutes les volontés du comte Albert ; et, quelques jours plus tard, Daniel était admis dans une de ces institutions aristocratiques où les enfants riches font leurs premières études.

Ainsi commença pour lui la vie d'écolier, et, pendant sept ou huit ans, il fut interne dans un lycée de Paris. Nous savons qu'il ne manquait pas d'intelligence ; de plus, il était travailleur, et il obtint des succès universitaires. En revanche, son humeur sombre, jalouse, hargneuse, ne faisait que s'accroître. Son aversion pour le comte devenait surtout de plus en plus violente, et il ne prenait aucune peine de la cacher. Les jours de sortie, lorsqu'il passait quelques heures chez sa mère, le comte Albert s'abstenait d'y paraître. Quand les vacances arrivaient, il fallait qu'Octavie allât s'installer pour deux mois avec son fils, soit aux bains de mer, soit à quelque ville d'eaux, afin d'éviter des conflits qui éclataient en toute occasion entre M. de Beauvoisin et l'indocile écolier.

Daniel atteignit quatorze ans, et sa mère crut qu'en lui révélant la vérité, ou du moins une partie de la vérité, elle finirait par dompter cette haine féroce. Après donc avoir consulté M. de Beauvoisin, qui ne s'opposa pas à cette expérience, elle apprit à Daniel que le comte était son père.

Cet aveu n'adoucit nullement le farouche garçon.

— Je savais cela, répliqua-t-il avec rudesse.

Là-bas, au lycée, les uns m'appellent « monsieur Octavie », les autres m'appellent « le bâtard de Beauvoisin. » J'en ai battu un grand nombre, mais je ne puis les battre tous... Maintenant j'apprends l'escrime, et plus tard, je les provoquerai en duel... Eh bien ! maman, s'*il* ressent pour nous l'affection que vous dites, pourquoi ne vous épouse-t-*il* pas ? Pourquoi ne légitime-t-*il* pas ma naissance ?

— Je le lui ai demandé bien des fois, répliqua Octavie en pleurant, et peut-être y serait-il disposé... Mais ses hautes fonctions lui imposent des devoirs.

— Oui, c'est un fort grand personnage ; les journaux reproduisent ses discours, discutent ses opinions, racontent ses faits et gestes... Mais que nous importe à nous ? Sa vie est un mensonge continuel... Qu'il remplisse d'abord ses devoirs envers vous et envers moi ; alors nous verrons !

Pendant les quelques mois qui suivirent cette révélation, Daniel parut beaucoup moins hostile au comte Albert. S'il le rencontrait, il lui parlait avec une politesse froide, mais respectueuse. Evidemment il attendait et espérait un changement ; mais ce changement ne vint pas. Le comte ne lui faisait aucune ouverture, et sa mère, quand il tentait de l'interroger, détournait la tête avec embarras.

Alors la haine et l'irritation de Daniel contre M. de Beauvoisin ne connurent plus de bornes. Il ne lui adressait plus la parole, ne le regardait pas, le saluait à peine. Son aversion éclatait dans ses yeux, dans ses moindres gestes. Il ne souffrait pas que le comte restât seul avec sa mère ; son attitude était tellement menaçante que M. de Beauvoisin éprouvait parfois certaines appréhensions. Lui, si fier et si puissant, devant qui tout s'inclinait, il redoutait cet adolescent taciturne, et évitait sa présence.

Nous ne dirons pas au lecteur les scènes scandaleuses, les crises, suivies parfois de raccommodements éphémères, qui eurent lieu pendant cette période. Octavie, par ses supplications, ses larmes et ses sacrifices, s'efforçait de retarder un conflit suprême, qui pourtant devait être d'autant plus grave qu'il serait plus tardif ; et, si la pauvre femme avait commis des fautes, elle les expia cruellement par des angoisses terribles et toujours renaissantes.

Enfin, Daniel acheva ses études, non sans honneur, et il dut rentrer à la maison maternelle. Le comte, et Octavie elle-même, voulaient qu'il essayât de se faire admettre à l'école de Saint-Cyr ; il s'y refusa nettement.

— A quoi bon ? dit-il à sa mère ; les malheureux qui, comme moi, ne peuvent montrer leur état civil, doivent se résigner à vivre seuls et dans l'obscurité. Au régiment, les humiliations et les insultes, dont j'ai tant souffert au collége, pourraient se reproduire ; je ne veux plus m'y exposer... Je ne sais encore quel état j'embrasserai... Ce qui me sourirait le plus serait d'aller en Amérique ou dans quelque autre pays éloigné, où nul n'aurait jamais entendu parler de ma fatale histoire !

Ce parti extrême, comme on se l'imagine aisément, n'était pas du goût d'Octavie qui le supplia d'y renoncer. En attendant que le jeune homme prît une décision, il s'établit chez sa mère, où il passait le temps dans l'isolement et la tristesse.

Octavie ne songeait plus qu'à empêcher son fils et le comte de se rencontrer chez elle. Sans cesse, elle s'ingéniait à trouver des moyens pour empêcher le choc inévitable, et elle y réussissait d'ordinaire. Un jour pourtant le hasard déconcerta toutes ses combinaisons.

Le comte venait d'obtenir une distinction de l'ordre le plus élevé, et, plein de joie, il courut chez Octavie pour lui faire part de la bonne nouvelle. Il n'était pas attendu et Octavie n'avait pu éloigner Daniel; aussi trouva-t-il le fils et la mère dans le salon.

Sans s'inquiéter de la présence du jeune homme, il annonça la faveur éclatante qu'il venait de recevoir. Octavie s'en réjouissait naïvement, quand Daniel s'écria tout à coup avec brutalité :

— Eh! que nous importe, à nous, les honneurs dont on vous comble? Montez plus haut encore, si vous pouvez; cela empêchera-t-il que ma mère et moi nous ne restions en bas, dans l'abjection et le mépris? Voilà donc où mène une vie de mensonges et d'hypocrisie comme la vôtre !... On satisfait ses passions, et on arrive pourtant aux honneurs, à la fortune !

Octavie ne comprenait pas bien peut-être toute la portée de ces paroles ; mais certaines expressions l'avaient choquée; elle s'écria, joignant les mains :

— Daniel, mon bien-aimé, peux-tu parler ainsi à M. le comte ? Je te supplie...

— Eh! je dis la vérité, moi ! reprit Daniel, tandis que lui n'a jamais employé que le mensonge et la tromperie. Ne vous a-t-il pas trompée, vous, ma mère ? N'a-t-il pas trompé la princesse, qui est morte à la peine, dit-on ? Ne trompe-t-il pas le gouvernement qu'il sert, les amis qui se fient à lui, les souverains qui le comblent de faveurs...

— Daniel!... interrompit le comte, à son tour, avec colère.

Mais il se ravisa aussitôt et poursuivit d'un ton moins acerbe :

— Voyons, je ne suis pas en humeur de me fâcher aujourd'hui... Enfant raisonneur et indomptable, il est temps que nous ayons ensemble une explication décisive. Je te parlerai comme à un homme, je te ferai connaître les brillants projets que j'ai conçus à ton égard... Laissez-nous, ma chère Octavie, ajouta-t-il ; Daniel et moi nous devons être seuls.

— Monsieur, ne me permettrez-vous pas...

— Laissez-nous, vous dis-je!

Si habituée qu'elle fût à l'obéissance, elle hésitait à se retirer. Connaissant le caractère inflexible de l'un et de l'autre, elle tremblait à la pensée du conflit qui pouvait se produire. Le comte paraissait assez calme, mais Daniel avait pris un air d'obstination farouche qui n'annonçait rien de bon. Néanmoins, il n'était pas dans la nature d'Octavie de résister à un ordre formel. Se penchant vers le comte, elle lui dit à voix basse :

— Albert, songez qu'il est votre fils.

Puis elle embrassa Daniel :

— Songe, murmura-t-elle, qu'il est ton père.

Et elle sortit du salon, dont le comte ferma la porte au verrou.

Alors il revint à Daniel :

— A nous deux, reprit-il résolûment.

Nul ne sut jamais ce qui se dit entre le fils et le père ; mais ils n'étaient pas enfermés ensemble depuis un quart d'heure, que l'on entendit une sorte de piétinement, puis un cri lamentable. Au même instant le cordon de la sonnette du salon fut agité, et le comte, ayant déverrouillé la porte, appela d'une voix haletante.

Tous les domestiques, conduits par Octavie, accoururent. Le comte, très-pâle, et les vêtements un peu en désordre, essayait de relever Daniel qui, vêtu de sa tunique de collégien, était renversé au pied d'un meuble; le jeune homme avait le front ouvert, tout sanglant, et il était sans connaissance.

La mère remplissait la maison de ses cris. On porta le blessé sur un canapé, on lui donna les premiers secours, tandis que les domestiques s'empressaient d'aller chercher un médecin. Il en vint plusieurs qui examinèrent attentivement la blessure ; hélas ! l'examen ne fut pas long : il y avait fracture de l'os temporal et la mort était inévitable. Cependant, ils employèrent toutes les ressources de la science et parvinrent à ranimer un peu Daniel, qui promenait autour de lui des regards égarés.

Octavie ne cessait de pleurer et de se lamenter; quant au comte Albert, debout à quelques pas, livide, l'œil fixe, il demeurait sombre et silencieux.

Un des médecins, qui se disposait à poser un appareil sur la blessure, demanda aux assistants, sans s'adresser particulièrement à personne :

— Comment l'accident est-il arrivé ? Il importe de savoir d'une manière précise dans quel sens le choc s'est produit.

Le comte s'approcha.

— Monsieur le docteur, dit-il d'une voix qu'il s'efforçait de raffermir, tout à l'heure, une discussion d'une certaine vivacité s'est élevée entre nous. Ce malheureux enfant a voulu s'élancer sur moi ; mais son pied s'est embarrassé dans le tapis, il a perdu l'équilibre, et sa tête est venue frapper contre ce meuble...

En même temps il désignait une console de marbre à l'angle de laquelle on voyait, en effet, quelques gouttes de sang.

Tandis que le docteur se rendait compte de la nature du coup, Daniel qui, comme nous l'avons dit, s'était ranimé un peu, se tourna vers son père avec effort. Les yeux semblèrent s'agrandir démesurément, et il dit d'une voix faible, mais où la colère et la haine éclataient plus que jamais :

— Bon ! voilà qu'il ment encore !... Il ment

toujours!... Ce n'est pas moi qui me suis élancé sur vous; c'est vous qui m'avez poussé avec violence, parce que je ne consentais pas... C'est vous qui m'avez tué... Tant mieux!

On n'entendit plus que des sons inintelligibles; tout à coup il cessa de parler et demeura immobile. Il était mort.

Octavie poussa un cri terrible et s'évanouit.

La justice n'intervint pas publiquement dans ce drame de famille. Une enquête eut peut-être lieu en secret, mais l'affaire fut bientôt étouffée.

Octavie-la-Blonde ne survécut guère à son fils. Quant au comte, bien qu'il eût atteint le comble de la puissance, il fut sujet, pendant le reste de sa vie, à des accès d'humeur noire dont rien ne pouvait le distraire.

POSTFACE

Il faut nous arrêter et prendre congé du lecteur. Suivant le précepte de La Fontaine, il ne convient pas « d'épuiser une matière. » Nous avons la main pleine d'histoires *vraies;* mais nous ne saurions l'ouvrir complétement sans risquer d'exciter des scandales, que nous voulons éviter à tout prix. Dans le cours de ces *souvenirs*, quoique nous ayons touché à tant de personnes et à tant de choses contemporaines, nous avons eu la bonne fortune de ne soulever aucune réclamation. C'est là un résultat dont nous sommes aussi heureux que fier; et, pour ne pas le compromettre, nous jugeons sage d'écrire ici le mot :

FIN

TABLE

Pages.

I. — Le comité des gens de lettres. — Un conte *parlé* de Méry. — Le *Parricide*. — Le coffre-fort de Méry. — Léon Gozlan et l'album de la princesse. — La conférence sur Annibal. — A trente ans d'intervalle. 1

II. — Merle et Mme Dorval. — Les mots historiques. — L'hôtel Aguado. — Le déjeuner par contrainte. — Les rédacteurs en chef de la *Quotidienne*. — M. de Riancey et le timbre du feuilleton. 29

III. — Le feuilleton du *Siècle*. — M. Thiers et M. Chambolle. — Le général Cavaignac au *Siècle*. — Une opinion de Théophile Gautier. — Les grands romanciers. — Les scènes *parlées* d'Henry Monnier. — Henry Monnier et Balzac. — Les conversations de deux hommes d'esprit. 53

IV. — Le baron Taylor. — Les dîners mensuels. — Les récits du dessert. — Les récits du baron. — *Laïs et Sanson* (Nouvelle). — *Santorin* (Nouvelle). 79

V. — La fondation de la Société des Gens de lettres. — Louis Desnoyers et les premiers adhérents. — Respect aux aînés! — Histoire d'une Nouvelle. — La *Mésange bleue* (Nouvelle). . 129

VI. — La méthode de Ponson du Terrail et celle de Jules Janin. — Comment Ponson faisait ses romans. — M. Sauzet et Lamartine. — La bonne femme de Saint-Point. — Ponson du Terrail défendu par lui-même. 159

Pages.

VII. — Louis-Philippe dans son jardin. — Louis-Philippe et les artistes. — Les souvenirs du blanchisseur. — L'examinateur de Saint-Cyr. — *Le numéro Un* (Nouvelle)........ 183

VIII. — Le principe de Chérubini. — Mme Lafarge. — Souvenirs judiciaires. — *L'indulgence du jury* (Nouvelle)...... 221

IX. — Le salon du peintre D***. — Artistes et gens du monde. — Le prince de Monaco. — Mandrin et le gouverneur de Bourg-en-Bresse. — Souvenirs du dernier conseiller au Parlement de Paris. — Le dîner de Parmentier à l'hôtel des Invalides. — L'enregistrement de trente millions. — *L'équipage du chien* (Nouvelle)................... 243

X. — Les lettres anonymes et autres. — Les *imperfections* d'une jeune femme. — Magnanimité des médecins de Paris. — Révélations au sujet des *Chauffeurs*. — Le roman et la réalité. — Ce qu'est devenu le chef des brigands d'Orgères... 289

XI. — Les voyages du baron Taylor. — Le capucin de Séville. — La chambre à cheminée. — Le musée espagnol au Louvre. — L'*Aiguille de Cléopâtre* et les Anglais. — Comment l'obélisque de Louqsor est venu à Paris. — Le FILS ILLÉGITIME (Nouvelle). — Postface................... 307

Paris.— Imprimerie de E. DONNAUD, rue Cassette, 9.

www.ingramcontent.com/pod-product-compliance
Lightning Source LLC
Chambersburg PA
CBHW050754170426
43202CB00013B/2423